赣南等原中央苏区农民工返乡创业的影响因素与政府扶持机制优化研究项目
（编号：14YJC630104）

GANNAN DENG YUANZHONGYANG SUQU NONGMINGONG FANXIANG CHUANGYE
DE YINGXIANG YINSU YU ZHENGFU FUCHI JIZHI YOUHUA YANJIU

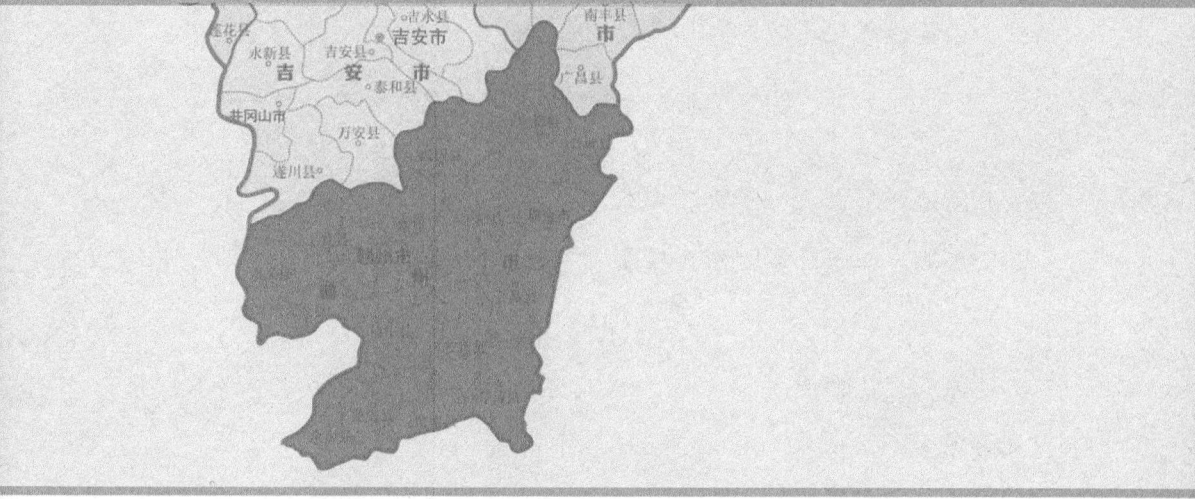

赣南等原中央苏区农民工返乡创业的影响因素与政府扶持机制优化研究

邱卫林／著

图书在版编目(CIP)数据

赣南等原中央苏区农民工返乡创业的影响因素与政府扶持机制优化研究/邱卫林著. —上海：立信会计出版社,2018.10
ISBN 978-7-5429-5826-6

Ⅰ.①赣… Ⅱ.①邱… Ⅲ.①民工—创业—研究—赣南地区 Ⅳ.①F249.214②D669.2

中国版本图书馆 CIP 数据核字(2018)第 228638 号

策划编辑　　王斯龙
责任编辑　　王斯龙
封面设计　　南房间

赣南等原中央苏区农民工返乡创业的影响因素与政府扶持机制优化研究

出版发行	立信会计出版社			
地　　址	上海市中山西路 2230 号	邮政编码	200235	
电　　话	(021)64411389	传　　真	(021)64411325	
网　　址	www.lixinaph.com	电子邮箱	lxaph@sh163.net	
网上书店	www.shlx.net	电　　话	(021)64411071	
经　　销	各地新华书店			
印　　刷	江苏凤凰数码印务有限公司			
开　　本	710 毫米×1000 毫米	1/16		
印　　张	13.5	插　　页	1	
字　　数	182 千字			
版　　次	2018 年 10 月第 1 版			
印　　次	2018 年 10 月第 1 次			
书　　号	ISBN 978-7-5429-5826-6/F			
定　　价	53.00 元			

如有印订差错,请与本社联系调换

前　　言

在金融危机以及市场经济快速发展的今天,农民工返乡创业是农民工个人为实现其自身利益最大化,实现农民工自身生存发展,促进农民就业、农民增收、农村剩余劳动力就地转移的一个重要途径。然而,不论是在理论研究中,还是在具体实践工作中,农民工返乡创业一直被忽视,甚至提到农民工返乡创业,许多人都持怀疑的态度。农民工返乡创业这一现象,在20世纪八九十年代就已经出现,可是却一直处于被忽视的状态。综观历史,我们可以发现在社会发展的每一个阶段,中国农民问题有其自身的特点。在传统社会向现代社会转型过程中,由于市场经济体制改革,原有体制的变动,以及随着沿海产业向内地转移和内地发展环境的变化,社会流动机会的不断增加使农民的角色悄然地发生了改变,可见农民工群体中的创业现象是非农化过程中农民工角色转换的必然现象。近年来,一个具有鲜明创业意识和企业家精神的群体在农民工阶层中悄然兴起,这成为当下中国社会流动研究中的热点话题。

本书基本内容包括:第一章是绪论,针对本书的选题背景及意义,研究的目标、思路及方法进行简单的阐述,并对与本书相关的一些概念进行界定。第二、第三章是本书的引入部分,主要是文献评述以及基本理论的运用,从不同的角度分析创业的影响因素,并对农民工返乡创业的现状以及其中相关联的理论知识进行介绍。第四、第五章则从国内外两方面入手,介绍农民工返乡创业的相关政策,对于国外能够对中国产生一定启示的政策进行了分析总结。第六章简要介绍了赣南等原中央苏区农民工返乡创业的现状,并从个体、环境及政策三个方面分析其中存在的主要问题。第七、第八、第九、第十章则是本书的重点章节,第七、第八、第九章节通过问卷调查等方式,对于赣南等原中央苏区农民工返乡创业意愿、绩效的影响因素进行研究,在此基础上对赣南等原中央苏区农民工返乡创业扶持政策满意度进行调查分析,继而引入第十章,结合前面对赣南等原中央苏区农民工返乡创业意愿及创业绩效的影响因素分析,针对农民工返乡创业扶持机制进行优化设计。最后第十一章对全书进行总结与展望。

本书重点阐述的内容包括:

(1) 农民工返乡创业意愿的影响因素研究。本部分主要探讨农民工返乡创业意愿的影响因素,分析各因素的作用大小、方式及内在机理,特别是重点考查政策支持对农民工返乡创业意愿的作用绩效。

(2) 农民工返乡创业绩效的影响因素研究。研究农民工返乡创业问题,不仅要关注其返乡创业意愿与行为,而且还要关注其返乡创业后是否成功,其创业绩效如何,受哪些因素的影响。因此,本部分重点考查农民工返乡创业绩效的影响因素,分析各因素的作用大小、方式及内在机理。

(3) 赣南等原中央苏区农民工返乡创业扶持政策满意度分析。本部分首先通过问卷方式,调查分析农民工对各项返乡创业扶持政策的需求意愿程度,列出各项扶持政策的需求频次;其次通过深入访谈法,在赣南等原中央苏区通过对现有的、具有代表性的农民工返乡创业典型进行研究,分析影响农民工返乡创业的一些关键因素;最后总结农民工返乡创业成功(或失败)经验(或教训),收集、整理完善返乡创业政策的建议。

（4）农民工返乡创业扶持机制设计。结合前面对赣南等原中央苏区农民工返乡创业意愿及创业绩效的影响因素分析，以及农民工对扶持政策满意度和需求优先序，在案例研究的基础上，优化设计赣南等原中央苏区农民工返乡创业政府扶持机制。

本书的主要创新之处包括：

（1）研究视角的创新。本研究对于农民工群体返乡创业的研究视角较为独特，且更加全面。首先，从宏观角度上对农民工群体返乡创业的政策等相关理论知识进行分析；其次，对赣南等原中央苏区的农民工返乡创业情况进行研究；再次，对赣南等原中央苏区农民工返乡创业过程中的影响因素进行分析；最后，对赣南等原中央苏区农民工返乡创业政府扶持机制进行优化。

（2）研究方法的创新。本研究在进行理论分析的同时，拟结合数理方法进行分析。本研究采用文献资料分析法、统计分析法以及案例研究法等，对赣南农民工群体返乡创业的现状、影响因素进行分析，在此基础上对其中可能存在的问题提出可行的优化改进措施。

（3）研究数据的创新。本研究的主要创新点及特色在于用更为科学的手法搜集相关数据及资料。根据研究目的及主要研究内容，在赣南等原中央苏区随机抽取一定样本并发放问卷，搜集相关数据及资料，为之后的研究奠定坚实的基础。

由于作者水平和学识有限，书中难免有不当与错误之处，敬请各位专家、学者和广大读者对本书的内容和结构多提宝贵意见。

在本书的写作过程中，参阅与引用了多方面的研究资料，已在参考文献注明，有遗漏之处，敬请谅解并向有关作者表示衷心的谢意。

邱卫林
2018年10月

目　录

第一章　绪论 **001**

第一节　选题背景及意义　/ 001

一、选题的现实背景　/ 001

二、研究问题的提出　/ 003

三、选题的意义　/ 006

第二节　研究目标、研究思路和研究方法　/ 008

一、研究目标　/ 008

二、研究思路　/ 008

三、研究方法　/ 008

第三节　本选题研究的创新之处　/ 010

一、创新之处　/ 010

二、拟突破的重点和难点　/ 010

第四节　相关概念界定　/ 011

一、"双创"　/ 011

二、农民工　/ 013

三、农民工返乡创业　/ 014

四、城乡二元结构　/ 015

五、城乡文化区别　/ 016

第五节　本章小结　/ 017

第二章　文献回顾与评述 ———— 018

第一节　创业的影响因素研究　/ 018
一、政策法规环境的影响　/ 018
二、经济环境的影响　/ 020
三、社会文化环境的影响　/ 021
四、个性特征的影响　/ 023
五、个人背景的影响　/ 024
六、创业资源的影响　/ 025

第二节　农民创业的研究　/ 025

第三节　农民工返乡创业的研究　/ 027

第四节　文献评述　/ 038

第五节　本章小结　/ 040
一、影响农民工返乡创业的主要因素　/ 040
二、提高农民工返乡创业意愿和成功率的措施　/ 040

第三章　农民工返乡创业的基本理论 ———— 045

第一节　需求层次理论　/ 045
一、需求层次理论的介绍　/ 045
二、需求层次理论与农民工返乡创业的联系　/ 047

第二节　羊群效应理论　/ 049
一、羊群效应理论的介绍　/ 049
二、羊群效应理论与农民工返乡创业的联系　/ 050

第三节　推拉理论　/ 050
一、推拉理论的介绍　/ 050
二、推拉理论与农民工返乡创业的联系　/ 052

第四节　社会流动理论　/ 053

一、社会流动理论的介绍 / 053

二、社会流动理论与农民工返乡创业的联系 / 055

第五节 计划行为理论 / 057

一、计划行为理论的介绍 / 057

二、计划行为理论与农民工创业的联系 / 057

第六节 劳动力转移理论 / 058

一、刘易斯模型 / 058

二、拉尼斯-费模型 / 058

三、哈里斯-托达罗模型 / 059

第七节 创业管理理论 / 059

第八节 本章小结 / 061

一、农民工返乡创业是社会发展的必然产物 / 062

二、农民工返乡创业的研究核心是人 / 062

第四章 国内农民工创业相关政策阐述 ... 063

第一节 国家相关农民工创业政策阐述 / 063

一、第一阶段（20世纪90年代中期至2000年） / 063

二、第二阶段（2001—2007年） / 064

三、第三阶段（2008—2012年） / 065

四、第四阶段（2013—2015年） / 066

五、第五阶段（2016年至今） / 067

第二节 各地农民工返乡创业相关政策阐述 / 070

一、贵州省 / 070

二、山东省 / 071

三、广西壮族自治区 / 071

四、安徽省 / 073

五、江西省　/ 074

　　六、河南省　/ 077

　　七、湖北省　/ 078

第三节　本章小结　/ 079

　　一、金融、税收政策方面　/ 079

　　二、社会服务方面　/ 079

　　三、创业政策特点　/ 080

　　四、政策局限性　/ 080

第五章　国外移民创业政策及其启示 — 081

第一节　相关国家移民创业政策　/ 082

　　一、澳大利亚　/ 082

　　二、韩国　/ 083

　　三、法国、意大利　/ 085

　　四、美国　/ 086

　　五、新西兰　/ 089

　　六、爱尔兰　/ 091

　　七、新加坡　/ 093

第二节　国外移民创业政策的主要特征　/ 094

　　一、以提升就业率为主要目的　/ 094

　　二、以优越的条件吸引移民者　/ 095

　　三、移民者的个人素质至关重要　/ 096

第三节　国外移民创业政策启示　/ 097

　　一、加强高层次技术人才引进　/ 097

　　二、完善相关返乡创业制度　/ 097

　　三、设立专门的监管机构　/ 098

四、积极引进具有经商管理经验的返乡创业者　/ 098

　　五、打造舒适的返乡创业环境　/ 098

第四节　本章小结　/ 099

第六章　赣南等原中央苏区农民工返乡创业的现状及面临的问题 ……………… 101

第一节　赣南等原中央苏区农民工返乡创业的现状　/ 101

　　一、赣南等原中央苏区农民工返乡创业相关数据　/ 101

　　二、赣南等原中央苏区农民工返乡创业取得的成就　/ 104

第二节　赣南等原中央苏区农民工返乡创业所面临的问题　/ 107

　　一、返乡创业的农民工个体能力水平不强，可选项太过局限　/ 107

　　二、基础设施条件不足，产业环境较差　/ 112

　　三、相关政策不够完善，引导人员欠缺服务意识　/ 117

第三节　本章小结　/ 120

第七章　赣南等原中央苏区农民工返乡创业意愿的影响因素 ……… 121

第一节　研究假设及模型构建　/ 121

　　一、研究假设　/ 121

　　二、模型构建　/ 123

　　三、样本选择　/ 123

　　四、问卷设计　/ 123

第二节　样卷分析　/ 124

　　一、实践模型构建　/ 125

　　二、研究方法　/ 126

　　三、农民工返乡创业意愿影响因素的 Logistic 回归分析　/ 128

　　四、结果分析　/ 129

　　　　五、政策建议　/ 131

第八章　赣南等原中央苏区农民工返乡创业绩效的影响因素……133

　　第一节　研究假说　/ 133

　　　　一、政策支持的影响　/ 133

　　　　二、融资环境的影响　/ 134

　　　　三、社会资本的影响　/ 135

　　　　四、服务环境的影响　/ 136

　　　　五、企业家能力　/ 136

　　　　六、经营资源的影响　/ 137

　　第二节　假设总结　/ 139

　　第三节　样本分析　/ 140

　　　　一、数据来源　/ 140

　　　　二、样本特征的描述性统计　/ 140

　　　　三、测量变量的描述性统计　/ 141

　　第四节　实证分析　/ 143

　　　　一、信度和效度检验　/ 143

　　　　二、因子分析　/ 144

　　　　三、结构方程模型分析　/ 146

　　第五节　本章小结　/ 149

第九章　赣南等原中央苏区农民工返乡创业扶持政策满意度分析……151

　　第一节　农民工返乡创业政策内容　/ 152

　　　　一、产业发展政策　/ 152

　　　　二、项目支持政策　/ 152

　　　　三、资金扶持政策　/ 153

四、创业园建设政策　　/ 153

　　五、土地优惠政策　　/ 154

　　六、社会保障政策　　/ 154

　　七、人员培训政策　　/ 155

第二节　农民工返乡创业政策的作用　　/ 155

　　一、增强农民工返乡创业信心　　/ 155

　　二、降低了农民工返乡创业成本　　/ 156

　　三、健全了农民工返乡创业平台　　/ 156

第三节　赣南等原中央苏区农民工返乡创业政策效果评价　　/ 156

　　一、农民工对返乡创业政策的知晓度　　/ 157

　　二、农民工对返乡创业政策的利用度　　/ 158

　　三、农民工对返乡创业政策的满意度　　/ 159

　　四、农民工返乡创业最需要的扶持政策　　/ 160

第四节　本章小结　　/ 163

第十章　赣南等原中央苏区农民工返乡创业扶持机制设计 …………… 165

第一节　提高服务意识，构建完善的沟通机制　　/ 165

　　一、建立信息交流平台，拓宽信息渠道　　/ 165

　　二、建立赣南等原苏区农民工返乡创业的服务平台　　/ 167

　　三、建立赣南等原苏区农民工返乡创业的创业培训平台和融资平台　　/ 167

　　四、努力构建城乡互动发展的联动机制　　/ 167

第二节　完善政策服务机制，优化创业环境　　/ 168

　　一、金融扶持政策　　/ 168

　　二、制定高效的融资政策　　/ 170

　　三、合理的税收支持政策　　/ 172

四、完善的土地政策　/ 174

第三节　提高农民工自身素质,实施人才战略　/ 175

　　一、树立正确的创业理念,提高自主学习意识和能力　/ 175

　　二、加强返乡农民工创业培训　/ 176

　　三、创新培训机制,落实培训政策　/ 178

　　四、实施人才战略　/ 180

第四节　与特色资源相结合,大力发展现代农业　/ 181

　　一、加强生产技术与特色资源的结合　/ 181

　　二、将传统农业与现代化生产相结合　/ 182

第五节　完善农民工返乡创业的多元供给机制　/ 182

　　一、加强政府服务能力　/ 182

　　二、部门统筹协作,提升创业管理服务水平　/ 184

　　三、强化地方政府执行力的正式制度　/ 185

第六节　本章小结　/ 187

第十一章　研究总结与研究展望　189

　　第一节　研究总结　/ 189

　　第二节　研究展望　/ 191

参考文献　193
后记　197

第一章 绪 论

第一节 选题背景及意义

一、选题的现实背景

多年以来,中国劳动密集类型产业的高速发展,离不开农民工群体背井离乡、任劳任怨地工作,由于改革开放初期这一产业的工作门槛比较低,就业容量也比较大,因此这一时期的农民工群体多数都进入这一产业工作。随着社会经济的迅猛发展,由于东部沿海地区的地理位置优势,经济较为发达,长江三角洲、沿海地区等经济发展迅速的大城市也开始进行产业升级以及经济转型,在这一过程中,劳动密集型产业开始逐步转变为资金密集型等产业,经济转型及其产业升级的脚步加快,这些产业更为注重发展高新技术,通过提升自身技术以及社会科技的进步来加快产业经济增长,导致劳动密集型的多数产业生存空间过于狭窄,因此就业岗位也开始逐渐减少,越来越多的农民工群体开始面临失业风险,就业形势越来越严峻。

最早一批农民工群体老龄化形势严重,返乡的需求也开始逐步凸显出来。由于早期的受教育程度较低以及年龄层次较高的因素,导致这批农民工群体没有办法接受现代的高新技术以及专业技能的重新培训，无法从劳动型农民工转变升级为技术型农民工，在社会产业升级转型、初期的劳动密集型产业就业量逐步下降的情形下，返乡成了多数农民工群体的选择。再者，由于这批农民工群体家中的老人、孩子留守情形严峻，老人需要子女的赡养、孩子需要父母的陪伴，在这种环境下，农民工群体也更倾向于选择回乡赡养老人、陪伴孩子，不再经受背井离乡的痛苦，享受与家人的天伦之乐。

2014年9月10日，在天津举办的达沃斯论坛开幕式上，"大众创业，万众创新"的口号由李克强总理首次提出，由此，"双创"一词开始出现在大众的视野中。2015年3月5日的第十二届全国人民代表大会第三次会议上，李克强总理在《政府工作报告》中又提出了这一口号，这表明中国的"双创"时代正式开始。习近平总书记在会议中表示：国家需要加强经济的发展速度，人民群众的生活质量需要进一步提升，而创业则是其中的重要动力。改革开放这一重大举措在中国的创新创业上具有重要的里程碑意义，在这个过程当中，我国的农民群体始终坚持将改革开放这一旗帜高高扬起，用自身实践的结果丰富了创新创业过程中的传奇色彩，为发扬中华民族的民族精神、实现伟大复兴之路提供了充分的保障。在社会经济高速发展的崭新形势下，农民工群体返乡创业的这一热潮迅速掀起，逐步蔓延到中国的各个地域。这些来自社会的基层力量开始逐步加快社会经济的发展步伐，"双创"时代逐渐建立起来，这些基层力量在国家经济发展以及"三农问题"的解决中起到了极为重要的作用。

党以及国家的相关部门也陆续出台了推进创新创业的有关政策，其中多数都与外出务工后决定返乡创业的农民工群体扶持政策有关。2015年6月，国务院办公厅也出台了《关于支持农民工等人员返乡创业的意见》,在其中明确表示对农民工群体返乡创业的大力支持,并对于如何将农民工群体返乡创业的工作进行完善改进等方面,指出了总体要求、主要任务以及相关的政策措施。与此同时,国务院出台的《鼓励农民工等人员返乡创业三年行动计划纲要》明确表示,三年中的工作目标就是全力推进农民工群体达成返乡创业这一计划的实施,并为此形成一个比较有保障的政策体系作为支撑,从而能够对农民工群体的返乡创业计划提供保障。再加上国际环境下金融危机的不良影响,国内外许多大型企业都在进行大范围裁员,导致许多劳动力被裁减下来,在外地务工的多数农民工群体都没有了工作。因此,外出务工农民工群体开始掀起了一股返乡创业的潮流。

农民工群体在外出务工、接触大环境的条件下,能够增长自身的见识,获得足够生存的资金、高新产业的技术、足够的信息,其人力资本以及社会资本都能够得到积累与进一步提升。在这之中,有一部分人的竞争意识比较强烈,对于市场经济的了解程度也比较深刻,因此他们开始对现有的温饱意识及小富即安等传统观点感到不满,独立创业的想法愈加凸显。较发达地区的高生活成本,越来越严重的环境污染形势,再加上国家对于农民工群体返乡创业的政策保障,其他地区逐步提升的就业环境以及配套设施,中国的"双创"时代来临,使得越来越多的农民工群体回到家乡。在这种环境下,各个地方的政府也非常及时地出台各种政策措施来保障农民工群体返乡创业,这使农民工群体返乡创业的热潮越来越大,也吸引了各地政府、专家、媒体以及社会的广泛关注。由于目前的城乡户籍制度依旧存在迁移障碍,这使外出务工的农民工群体不能够真正地融入城市的生活环境中。农民工群体没有城市户口,就没有办法与城市的人民享受一样的社会保障制度以及公共服务,城市中的学费过高、看医成本高昂、养老难等情形促使农民工群体返乡的想法更为强烈。

二、研究问题的提出

赣南等原中央苏区是中国共产党在土地革命战争时期创建的以瑞金为中心、地跨赣闽粤三省广大地区的中央革命根据地，是全国苏维埃运动的中心和大本营，是中华苏维埃共和国党政军首脑机关所在地，是人民共和国的摇篮，是苏区精神的发源地。在领导创建赣南等原中央苏区和艰苦卓绝的苏维埃斗争运动的实践中，毛泽东同志把马克思主义普遍真理同中国革命具体实际相结合，进行深入思考和创新实践，先后撰写了《星星之火，可以燎原》《反对本本主义》《关心群众生活，注意工作方法》等光辉篇章，提出了"实事求是、群众路线、独立自主"重要理论，找到了符合中国现实的中国革命道路。

新中国成立之后，赣南等原中央苏区群众依然具备着革命战争时代所独有的真情、热情，无私地默默支援着国家的建设。江西赣南被称作是"世界钨都""稀土王国"，在20世纪60年代初，国家处于"三年困难"时期，江西赣南的钨砂大量出口创汇，帮助国家偿还外债、渡过难关，为国家作出了重要贡献。新中国成立之后的60年来，赣南累计开采钨精矿约130万吨，占全国半数以上；累计开采稀土约25万吨，占全国中重稀土总量近七成以上，为国防建设以及国家经济发展提供了有力的支持。赣南等原中央苏区森林资源极为丰富，新中国成立初期就已经被列为全国调运木材的重点地区，为此还修建了森林铁路专门外调木材。仅赣南苏区就总共为国家提供统配木材共2 450万立方米、毛竹共8 718万根。然而，由于树木长期被过度砍伐，导致森林面积急剧缩减，水土流失极为严重，其中1975年到1982年仅仅7年间，赣南森林面积就已经减少了约257万亩*，荒山面积扩大了近183万亩，水土流失面

---

* 1亩≈666.7平方米。

积近 1 678 万亩,占林业用地面积约 37.8%。在大量向外输送资源的这一时期,饱受战争严重创伤的赣南等原中央苏区经济基础越来越薄弱,再加上地域较为偏远、经济较不发达,赣南等原中央苏区的多数主要劳动力纷纷外出到沿海等发达地区务工,据统计,赣南等原中央苏区跨省输出劳务共 185.19 万人,占乡村从业人员的比重将近 33.7%,为国家经济建设作出了贡献。

2012 年 6 月,《国务院关于支持赣南等原中央苏区振兴发展的若干意见》正式出台,提出了要深入贯彻落实科学发展观,弘扬苏区精神,加大扶持力度,加快新型工业化和城镇化进程,强化农村劳动力转移就业和创业能力培训,鼓励外出农民工回乡创业,建设农民创业基地,努力走出一条欠发达地区实现跨越式发展的新路子,使赣南等原中央苏区人民早日过上富裕幸福的生活。近年来,赣南等原中央苏区等欠发达地区确实有相当一部分当年的"打工仔""打工妹"从城市回到农村进行创业,但由于受到制度、体制及资源等各种约束,实际上农民工在返乡创业过程中面临着许多困难,制约了农民工返乡创业和成功创业。

因此,怎样积极促进和科学扶持农民工返乡创业成为近年来政府关注的重要议题,许多学者为此作了探索性研究(刘光明等,2002;庚德昌等,1999;崔海兴,2008;崔传义,2008;林斐,2002,2004;黄建新,2008;朱明芬,2010;朱红根,2010,2013),成果卓有成效,尽管如此,现有研究成果仍然无法回答以下问题:影响农民工返乡创业意愿与行为的影响因素有哪些,政府应如何促进?影响农民工返乡创业绩效的影响因素有哪些,政府应如何扶持?农民工对扶持政策满意度及需求优先次序怎样,政府应如何优化?我们认为,对这些问题的准确回答是政府科学制定农民工返乡创业政策、构建创业扶持体系的基础前提。

为此，本选题以赣南等原中央苏区为案例区，分析农民工返乡创业意愿行为和创业绩效的影响因素，考查各因素的作用大小、方式及其内在机理，特别是政策支持的作用绩效，从而对各项政策的存续价值作出科学判断，并优化设计农民工返乡创业扶持机制。预期研究成果为政府科学制定农民工返乡创业扶持政策提供决策参考。

三、选题的意义

农民工问题是我国从城乡二元经济结构向现代社会经济结构转变过程中的一个重大战略问题。近年来，随着沿海发达地区劳动密集型产业向中西部地区转移步伐的加快，以及中西部发展条件和环境的改善，出现了返乡创业的新景象。农民工返乡创业，对社会主义新农村建设和农村经济发展会起到较大的推动作用和带动效应。特别在当前国际金融危机持续影响的背景下，积极扶持农民工返乡创业，以"创业带动就业"成为了解决大量农民工失业返乡的主要措施，对于缓解当前农民工就业压力，提高农民收入，推进农业产业化经营和城乡一体化具有重要意义。因此，农民工返乡创业问题成为当前政府和社会关注的焦点，国务院办公厅发出的《关于切实做好当前农民工工作的通知》中就明确要求，地方人民政府要在用地、收费、信息、工商登记、纳税服务等方面，降低创业门槛，给予农民工返乡创业更大的支持。

与以往的研究相比，本次研究在农民工创业现状上作进一步深入探索，结合新形势、新环境的时代背景，阐述了农民工返乡创业的应用价值，对农民工的创业发展有着实实在在的帮助，进一步推动了创业浪潮。首先，农民工返乡创业对创业者自身素质要求较高，通过创业有利于提高农民工个人综合能力，从而提升农村整体文化环境。其次，返乡创业是发展农村经济的重要方式，也是农民工就业方向的新选择，党和政府始终将"三农问题"看作是发展社会经济的重中之重,解决好农民工就业问题,不但从根本上直接影响解决农业、农村和农民问题,而且对工业化、城市化甚至整个现代化的健康成长也影响深远,还关联到改革发展稳定的全局。再次,在社会经济体制现代化背景下,农民工返乡创业有利于将新思维、新兴产业引入农村,使农村经济发展形式多元化,有利于缩小城乡差距,统筹城乡发展。最后,有利于缓和当今社会就业紧张局势,创业不仅解决了农民工自身的就业问题,同时也为社会提供了更多的就业岗位,农民工返乡创业对社会经济的整体发展发挥着不可估量的作用。

本书的总体研究目标是,在对农民工群体的返乡创业现状及特点描述的基础上,对农民工群体返乡创业所产生的社会价值以及经济效益进行评估,分析其中可能存在的问题,结合目前的相关政策,对不足之处提出相应的改进措施,为国家政府及相关部门对农民工群体返乡创业的扶持机制及政策提供有效的参考依据,促进农民工就业稳定,保障社会经济的可持续发展。

为达到上述研究目标,在经过了反复的论证以及严格的筛选后。本书主要研究对象如下:第一章绪论是针对本书的选题背景及意义、研究的目标、思路及方法进行简单的阐述,并对与本书相关的一些概念进行界定。第二、第三章是本书的引入部分,主要是文献评述以及基本理论的运用,从不同的角度分析创业的影响因素,并对农民工返乡创业的现状以及其中相关联的理论知识进行介绍。第四、第五章则从国内外两方面入手,介绍农民工返乡创业的相关政策,对于国外能够对中国产生一定启示的政策进行了分析总结。第六章简要介绍了赣南等原中央苏区农民工返乡创业的现状,并从个体、环境及政策三个方面分析其中存在的主要问题。第七、第八、第九、第十章则是本书的重点章节,第七、第八、第九章通过问卷调查等方式,对于赣南等原中央苏区农民工返乡创业意愿、绩效的影响因素进行研究,在此基础上对赣南等原中央苏区农民工返乡创业扶持政策满意度进行调查分析,继而引入第十章,结合前面对赣南等原中央苏区农民工返乡创业意愿及创业绩效的影响因素进行分析,针对农民工返乡创业扶持机制进行优化设计。最后第十一章对全书进行总结与展望。

第二节 研究目标、研究思路和研究方法

一、研究目标

本选题利用计量经济模型分别考查农民工返乡创业意愿行为和返乡创业绩效的影响因素,分析因素的作用大小、方式及内在机理,特别是政策支持的作用绩效,从而对各项政策的存续价值作科学判断,优化农民工返乡创业政府扶持机制。具体研究目标如下:

(1) 探讨农民工返乡创业意愿(行为)的影响因素,分析各因素的作用大小、方式及内在机理。

(2) 探讨农民工返乡创业绩效的影响因素,分析各因素的作用大小、方式及内在机理。

(3) 考查农民工对返乡创业扶持政策满意度及需求优先次序。

(4) 优化农民工返乡创业扶持机制。

二、研究思路

研究思路具体如图 1-1 所示。

三、研究方法

本选题主要采取统计分析和计量经济分析、经济理论分析、案例研究和文献资料分析相结合的方法,具体如表 1-1 所示。

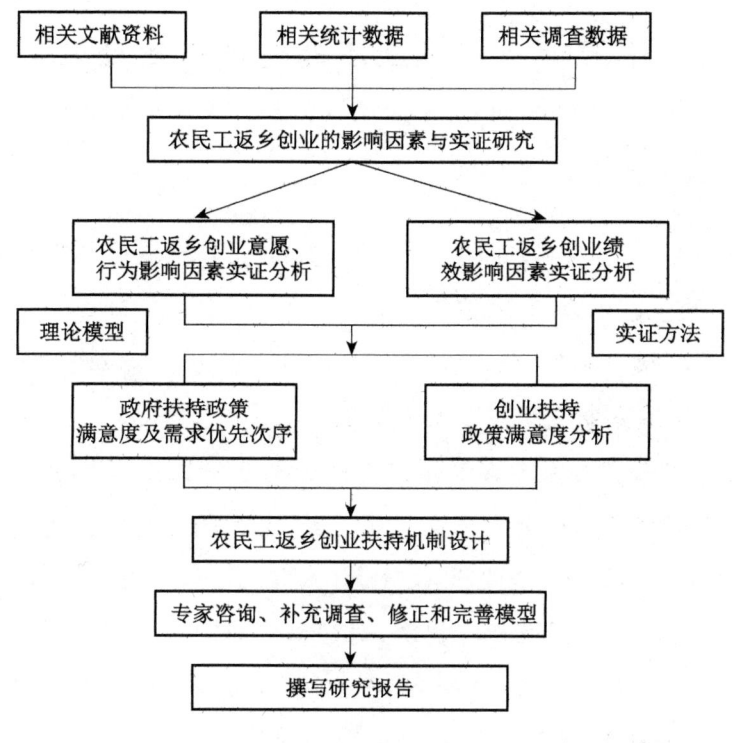

图 1-1 研究思路

表 1-1 研究方法一览表

研究内容	分析方法
赣南等原中央苏区农民工返乡创业的现状及所面临的问题	文献资料分析、统计描述
农民工返乡创业意愿（行为）的影响因素研究	文献资料分析、统计描述、单因素分析与二元选择模型分析
农民工返乡创业绩效的影响因素研究	文献资料分析、探索性分析、验证性因素分析、信度与效度分析、因子分析、结构方程模型分析
赣南等原中央苏区农民工返乡创业扶持政策满意度分析	统计描述与案例分析
农民工返乡创业扶持机制设计	文献资料分析、微观经济学与制度经济学理论分析

第三节　本选题研究的创新之处

一、创新之处

（1）研究数据相关方面。本选题研究的主要创新点及特色在于用更为科学的手法收集相关数据及资料。根据研究目的及主要研究内容，在赣南等原中央苏区随机抽取一定样本并发放问卷，搜集相关数据及资料，为之后的研究奠定坚实的基础。

（2）研究视角相关方面。本选题研究对于农民工群体返乡创业的研究视角较为独特，且更加全面。首先，从宏观角度对农民工群体返乡创业的政策等相关理论知识进行分析；其次，对赣南等原中央苏区的农民工返乡创业情况进行研究；再次，对赣南等原中央苏区农民工返乡创业过程中的影响因素进行分析；最后，对赣南等原中央苏区农民工返乡创业政府扶持机制进行优化。

（3）研究方法相关方面。本选题研究在进行理论分析的同时，拟结合数理方法进行分析。本选题研究采用文献资料分析法、统计分析法以及案例研究法等，对赣南农民工群体返乡创业的现状、影响因素进行分析，在此基础上对其中可能存在的问题提出可行的优化改进建议。

二、拟突破的重点和难点

（1）数据采集的问题。本项目研究关于创业意愿影响因素的样本数据可在课题合作单位协调下，通过组织本院研究生和本科生进行实地调查和数据收集，而研究关于创业绩效影响因素的样本数据采集是本选题研究的难点，因为涉及的数据可能有一定的"敏感性"，需要项目组努力克服。

（2）变量设计的问题。总体上，变量设计拟综合运用连续变量和虚拟变量,但具体设计是关键。研究内容列出的变量只是经初步考虑的一些变量,在实际研究过程中,课题组还需要反复考虑和征求有关专家的意见,以求尽可能找出主要因素。在不同的模型中处理方法不一样,如在研究农民工返乡创业意愿的影响因素中,为了考查各项政策的作用绩效,对当地"是否有信贷扶持、是否有创业培训、是否有创业园区、是否有项目扶持、是否有信息咨询、是否有用地优惠、是否有纳税服务"等政策都按虚拟变量进行处理;在对农民工返乡创业绩效的影响因素研究中,为了考查政策支持对创业绩效的总体作用效果,把政策支持综合为一个变量,即先对各项扶持政策设计测量项目进行测量,然后利用因子分析法将这些测量项目综合成一个总因子以反映政策支持。

(3)计量模型选择的问题。在计量模型选择上,拟采用二元选择模型和结构方程模型。在实际研究中,还将根据具体情况对其适用性作进一步分析。

(4)农民工返乡创业政府扶持机制设计问题。如何通过优化赣南等原中央苏区农民工返乡创业政府扶持机制,大力发展现代农业,促进农业稳定发展、农民持续增收,最终促进城乡统筹发展。

第四节 相关概念界定

一、"双创"

"双创"指的就是"大众创业、万众创新",这是 2014 年 9 月 10 日天津达沃斯论坛中李克强总理所提出的新概念,他表示,只要能够除去在个体以及企业的创新过程中遇到的种种束缚,形成一种"人人创新、万众创新"的崭新局面,我国的经济发展就能够再创新辉煌。2015 年 3 月 5 日的《政府工作报告》中也有对"双创"的大篇幅描述,其中表明,如果将亿万人民群众的脑力思维结合起来,那么一定能够引领万众创新的新征程。2015年8月中旬,国务院办公厅也发表了同意建立推进"大众创业、万众创新"部际联席会议制度的有关文件。"大众创业、万众创新"这一口号的提出,表明中国已然正式进入"双创"时代。而"双创"的出现,一定会在社会经济发展的过程中取得重要的一席之地,具有非常重大的时代意义。

"双创"的出现有利于提升社会经济发展的速度。随着我国在资源方面日渐紧张,过去那些传统的发展途径在现在的新环境下已经无法发挥作用,在如今的新常态社会发展趋势下,应该全力发挥"双创"的作用,用创新这一要素来推陈出新,改变以往投资推动创业的形式,通过国家政策及体制改革的保障,将创新创业这一渠道继续扩展,从而使各个创业人员能够将企业做大做强,对企业的规模进行完善,将小规模企业在"双创"时代中普及推广,并对其中的大企业进行重点发展,从而形成"双创"时代中的新驱动、新要素,使创新创业迅猛发展。

"双创"的出现有利于提高社会的就业比例。作为人口大国,每年的退伍军人、各大高校应届毕业生、农村剩余劳动力等人员的数量逐步增加,虽然中国有能力将资源转换成资本,但是依然无法解决社会就业形势严峻、社会人员结构明显失衡等问题。"双创"时代的出现有利于让一些自身有一定的资本、能力、意愿的人员去创立自己的产业,从而推动社会产业的发展、缓解就业的压力,使后人跟随着自己的脚步富裕起来。

"双创"的出现能够使社会人民的创新意识以及发展潜力得到展现。虽然现阶段国家为了社会群众能够尽可能得到就业机会,从而设立了许多的创业平台以促进创业,然而,就目前形势而言,创业保障体系并没有进一步完善,这使人民群众的创业意识还没有被充分挖掘出来,还没有形成一个群众创业的优良环境。通过"双创",有利于将人民群众的创新创业意识逐步展现出来,大力弘扬创新创业的核心精神,促使社会经济得到大幅提升。

二、农民工

目前对于"农民工"这一词汇社会公众还没有一个准确的定义,在国务院所发布的《国务院关于解决农民工问题的若干意见》中,农民工被定义为户籍依然在农村,主要从事有关非农产业的工作,在农闲季节时多数外出务工,既是工人也是农民,其流动性较强,部分人员在城市中长期工作,成为产业工人群体的重要部分。我国政府官方定义表示农民工群体主要是一些有着农村户籍却在城市中从事非农产业,而且不享受城市户籍的福利或是权益的群体,这属于中国在现代化进程中所形成的一种特殊群体。这种定义也被大部分的社会群众所接受,他们认为农民工就是将"农"与"工"结合起来的共同体,农民工既不能被称作是传统的农民,同样也不属于现代的城市中人,他们在家乡能够承包集体的耕地,但在城市中却从事着第二、第三产业。他们为城市提供服务,却不能被城市人当作同类所接纳,只能成为一种在边缘处的社会阶级。

目前,对于农民工的产生原因,社会上有三种解释。第一种认为现阶段农村的土地资源逐渐稀缺,劳动力开始有剩余。这种解释认为,在越来越少的农村资源情形下,农村剩余人口开始向城市的非农产业进军。第二种认为农村与城市的贫富对比相差太大,形成了二元社会结构。这种解释表明,促使农村人民大规模朝城市流动的最直接因素是农村普遍贫穷的环境,而不是剩余劳动力,在这种环境下,农民工只有往城市寻求工作才能够有富裕的机会。第三种则认为城市的工业化以及城乡的巨大差距共同作用促使农村的剩余劳动力开始向城市迈进。这种解释认为,农民工的形成一部分是由于城市处于工业化的进程,对于劳动力极为需求;另一部分是由于农村过多的剩余劳动力以及城乡之间的巨大差距推动着农民工的产生。

三、农民工返乡创业

农民工返乡创业指的就是农民工群体在外出进入城市区域打工或是从商超过半年时间,基于自身的独立思想及计划,在务工过程中对于资金、技术、知识等有了一定的积累后,结合现代科技的发展以及市场环境的信息掌握程度,在家乡以及周边区域的经济环境得到了改善、国家出台了许多创业相关的优惠以及扶持机制的条件下,决定带着资金及相关技术回到家乡自行创办工厂或是企业等一系列活动。这种情况反映了现阶段农民工群体与其所处的社会形态共同合作互利的情形,在农民工群体不断提高自身水平,使自我价值得以实现的同时,对现代新农村的建设同样产生了一种极为有效的助力。

针对我国现阶段就业难、压力大等就业方面的问题,农民工返乡创业提供了一种比较有效的解决途径。在协调城乡关系和促进城市及乡村共同发展的过程中,企业家的创业能力不断提高。这不仅仅可以让农民工汇集在城市中所取得的相关资金、管理技能、更为先进的管理理念及管理方法,还能够将这些新的管理理念以及管理方法一并带回农村,成为弥合城市与乡村统筹协调发展的有效途径。农民工群体在提高了自身的创业能力并得到了一定程度的培训之后,对于农村剩余人口的难就业问题能够产生积极的缓解作用,同时也有利于解决农村土地的征收及使用问题,对老年人的赡养以及留守儿童的照料、关注等相关状况也能够有一定的改善,能够有效发挥农村人员的人力资源优势及自身价值,增加新农村建设所需要的人才,促进农村区域产业结构的规范及调整,缩小城乡差距,促进城乡之间协同合作发展,加快中国的新农村建设以及城镇化的脚步。

为了促进农业产业结构的局部调整,吸纳就业、带动就业,推进农村的城镇化发展及建设等,农民工返乡创业提供了一种更为有效的实施及发展渠道,然而在了解了现阶段国家政策支持情形后,发现在政策方面依然存在着诸多困难和不足之处。有时会出现筹集资金存在困难,缴纳税费过高以及创业成功率低下等问题,这些问题对于农民工返乡创业依旧是一个极其重大的障碍。为了使农民工返乡创业的愿望及成功率得以提升,有必要对国家相关扶持政策进行更深层次的研究,对于在政策落实以及执行过程中存在的问题需要有针对性的解决方案,其中的欠缺部分都需要进行补充,政府应当在财政、税收及创业技能培训等相关政策上给予大力支持和改进。

四、城乡二元结构

城乡二元结构直接关系到农民工的产生,对这种社会结构相关的研究也有很多。城乡二元结构这一现象也不是中国独有的,许多发展中国家正面临着这个社会问题,马克思在他的《资本论》中也有讨论过城市和农村发展的一般途径,也就是从城乡分离开始,中间经过了工业化以及城市化的发展,到最后达到城乡一体化。一般来说,城乡二元结构在发展中国家的某个特定时期是长期存在的。这种因为城市和乡村在生产资料配置以及生产力的不平衡发展所造成的社会结构形态,在更多情况下表现出经济结构不平衡的局面。然而,我国城乡二元结构的形成离不开具体的社会发展路径及其政治体制形态,最主要的是社会制度结构层面上的不平衡。

中国城乡二元结构的产生原因可以总结出以下几个因素:中国成立初期以重工业为发展重点的国家战略、城乡户籍管理制度、将城市与农村分隔开的社会经济体制、人口过多资源过少的差距以及传统以农为本的家族观念。而中国的城乡二元结构在经历了新中国成立早期的计划经济体制以及户籍制度的固化之后,就形成了具有中国自身特色的城乡二元体制,这反而使城乡二元进一步分化,由此造成了城乡发展不均衡等一系列状况,在中国现有的社会及经济发展情形下产生了农民工这一社会群体。

这种城乡二元户籍制度的问题在于,在这个户籍制度上,长期附着了粮油供应制度、劳动就业制度、医疗保健制度、教育制度、福利制度等十几项制度,形成了一整套城乡隔离体系。这就导致了当农民工在城市中为工业化提供劳动力的时候,自身权益不能得到基本的保障,而当他们返回农村的时候,则丧失了其对城市的作用,城市也不再对他们表示关心。

五、城乡文化区别

在历史的发展过程中,中国多数时期都属于农耕文明,当社会还未开始工业化发展,社会生产水平依旧低下,作为相互独立的两种个体,城市文化以及农村文化都依照着各自的发展轨迹逐步前行,形成了具有个体特色的文化特征。对这个时期而言,城市和农村的主要差距在于个体性质的不同,而不是所谓的好坏之分。城市比较注重人力资源,重视人们能够带来的作为,而农村主要注重的是农业产业,所做的一切都主要依附于自然环境,对于技术的观念比较缺乏;城市的人员流动频率比较高,交际范围比较广,对于自身的权益及价值更加注重,而农村的人口流动不多,交际范围较为局限,对自身的认知比较不足,更加注重地域或是亲人之间的关系;城市人口更加擅长抓住机会,勇于去尝试,竞争意识强烈,比较看重利益,功利主义观念较为显著,理性色彩浓重,而农村人口更加注重万事和为贵,不愿意去冒险,比较感性,不希望有大的变动,竞争意识薄弱;城市具有更加多元化的开放环境,人们对各类新事物的包容性很强,而农村的环境比较封闭,人们内心过于保守,不愿意接受外来的新事物和新知识。然而随着社会的迅速发展,工业化水平逐步提升,城市的发展脚步逐渐加大,农村与城市之间的差距越来越大,更多的人倾向于进入城市寻求发展,大规模的城市工业化使农村逐渐没落,甚至成了落后的代表。

新中国成立以来,城乡二元结构的形成使农村人口向城市迁徙受到了二元户籍制度的限制,这导致城市与农村之间的差距越来越大,进入20世纪80年代后,由于农村资源的缺乏,劳动力逐渐过剩,政府开始号召这些剩余劳动力进入城市工作,然而城乡之间的巨大鸿沟导致农村和城市之间缺乏足够的交流。当城市人或者农村人被提及的时候,大部分指的是对文化差异的区分,而不是地域差异。城市与农村之间的文化差异还导致了人们对农村或多或少地有了一定的歧视,在现代社会中,现代文明更多的是指更尊重独立个体、效率更高的城市文化,而相对于日渐衰败的农村,逐渐繁荣的城市及其在经济环境上的有利地位,使城市文化存在较大的优越性。而城市中完善的福利政策、便利的生活方式以及待遇更为丰厚的工作机遇,导致农村人口,尤其是青壮年,带着对城市的向往陆陆续续前去打工,在社会的现代化进程中,农村逐渐成了被人们遗忘的部分,农村文化也日渐衰弱直至消失。

第五节 本章小结

本章主要介绍了选题的背景及其意义,明确了研究目标、思路以及方法,对于本选题研究中的创新点以及不足之处也作了大致的分析,希望能够为政府及相关部门的农民工返乡创业扶持政策提供决策参考尽一些绵薄之力。而后,通过对农民工返乡创业等相关概念的梳理,结合研究对象,对农民工、"双创"、城乡二元结构等概念进行界定,表达出返乡创业这一行为对农民工的重要性,并为本选题研究奠定概念基础。

第二章 文献回顾与评述

第一节 创业的影响因素研究

一、政策法规环境的影响

目前中国的经济发展已经到了新常态,农民工这个特殊的群体不仅仅可以在城市里找到工作机会,而且也可以在其家乡得到很多的机遇。在大企业家时代和创新时代的大背景下,农民工返乡创业已经成了必然的发展趋势,农民工返乡创业可以促进地方经济的发展,又能增加自身的收入。2015年6月,国务院根据当时我国的国情,颁布了具有时代意义的《关于支持农民工等人员返乡创业的意见》。国务院颁布的这项意见是在《中共中央 国务院关于加大改革创新力度加快农业现代化建设的若干意见》《国务院关于进一步做好新形势下就业创业工作的意见》的基础上研究、颁布的,其对我国农民工返乡创业具有很重要的作用,甚至可以说,农民工返乡创业的政策法规环境就是立足于《关于支持农民工等人员返乡创业的意见》的,我们分析农民工返乡创业政策法规环境,就是努力认识和系统解读这个意见。

Dana(1990)对马来西亚的创业问题进行了研究,后来发现政府设立的商业发展部门过多的程序要求和集中的权力对创业的积极性造成了阻碍,同样圣马丁的研究也得出了相似的结论:商业规章过多压制了创业增长。

Young等(1993)在其研究中指出政府规章过多、税率高、通胀率增长、营运资本缺乏、获取贷款困难和货币价值的季节性波动是阻碍墨西哥创立企业的关键因素。

Fonseca等(2001)认为政府制定的政策和法律对于创业者的意愿和行为都具有很重要的影响,如果一个国家创建企业的成本很高的话,这个国家的国民创业意愿就会很低。

张宇俐等(2004)在其研究中指出,政府的政策通过行政体制和市场体制改革来对市场产生影响,尤其当国家处于经济转型的时期。

赵西华等(2006)经过研究发现:政策支持、创业环境、创业资本、创业经验和胆识等因素都对农民创业产生非常大的重要作用。

彭华涛(2007)通过研究得出结论,政府采用政策扶持、法律规范、优良的服务等方式,可以创造一个公平、友好的环境,这对激发区域创业活动具有很大的促进作用。

郑锐(2010)通过调查和访谈等方式对农民工的创业活动进行研究,最后发现返乡农民工在创业或前期的准备过程中,会对其本身所拥有的资源和条件进行评估,然后才会对创业领域、创业形式进行评估。一个国家或者地区的创业政策关系到很多部门和机构,如果对创业政策进行分类可分为财税政策、服务政策、用地政策、辅导政策、保障政策五种类型。这会让打算在某领域进行某种创业活动的返乡农民工只会对自己准备创业的这个领域的政策法规以及对自身准备创业的形式相关的政策给予更多的关注。例如,准备在农畜牧养殖业进行规模化生产的返乡农民工对创业政策中的财税政策和用地政策更为关注,而对服务政策、辅导政策、保障政策较为不熟,而对于那些打算在服务行业进行个体经营创业的返乡农民工,他们对财税政策和服务政策较用地政策和辅导政策更为关注。

解春艳(2013)认为政策和制度环境可以为创业者创造新的市场机会,有利于企业创新性发展,比如说,政府制定的税收优惠政策、金融政策、贸易政策、福利政策等会对创业者的创业决策造成直接影响。解春艳还认为政府部门需不断完善各项优惠政策,特别是税收优惠政策、用地优惠政策等,并加大创业优惠政策的宣传。同时,要建立健全相关领域的法律法规,完善创业行为的相关制度,如创业注册、登记、审批程序的简捷化等。此外,还应提高政府人员的服务意识和服务水平,规范政府管理行为,提高工作人员办公效率,为农民创业提供更好的咨询服务。当地政府应加强现有交通、通讯、水电气等公共设施建设,合理有效地开发当地自然资源。

鹿金凤(2015)指出政策支持对农民创业有非常显著的影响,良好的政策支持环境能够促进农民选择创业。因为政府的政策支持可以扩展农民创业空间、丰富农民创业选择,创业提供的优惠政策能够使农民显而易见地看到创业带来的好处,同时政府为农民创业提供便利条件、完善的制度等也能够吸引农民选择创业。

二、经济环境的影响

朱明芬(2010)对影响农民创业行为的原因进行了实证分析,最后的研究结果表明,区域经济发展水平对农民创业意愿起着非常重要的作用。区域经济发展越好的地区,农民创业的意愿和成功率就越高。相反,区域经济发展不好的地区,农民创业的意愿和成功率就较低。

钟王黎等(2010)认为农民的亲朋好友中创业人数的多少与其创业意愿的高低呈正相关,农民受周围创业氛围的影响,创业意愿会更强烈。

解春艳(2013)的研究表明创业机会不光需要人口需求,还需要人口购买力。影响实际购买力的因素包括可支配收入、储蓄、信贷和债务等。在不同国家和地区,其收入水平和分配及产业结构也会有所不同。全球产业结构包括四种:自给型经济,无法产生创业机会;原料出口型经济,较容易出现工具、设备、消费品和奢侈品的创业机会;工业化进程中的经济,新的富有阶级和扩大的中产阶级对某些新产品有需求,这些市场容易产生创业机会;工业化经济,各种产品或服务都容易出现创业机会。经济环境影响着家庭收入分配、消费者储蓄、债务和信贷适用性等,从而影响消费支出能力。在高储蓄国家和地区,新创企业获得资本相对容易,并能以较低资金成本开展创业活动。而债务-收入比高的消费者更可能去购买新产品或服务,从而为创业者创造更多的创业机会。

董杰(2015)的研究也同样表明经济环境会对农民的创业意愿产生显著的影响。这表明其他条件不变,社会经济发展越迅速,越容易发生创业行为。原因在于经济的发展为农民创业提供了更多更好的机会,农民能够获取的资源也较多,同时社会经济环境越好的地区,创业氛围相对来说更好,农民有很多成功的创业榜样可以效仿。金融服务环境是影响农民创业的重要因素,它对农民创业具有负向显著影响。这个结论与我们的认知、已有研究都大相径庭。可能的原因是金融服务环境并非直接对农民创业产生影响,其影响还取决于政策支持环境的状况,政策支持环境良好的地区,金融服务环境的影响才能得到充分发挥。

三、社会文化环境的影响

袁颖文(2008)指出,社会的积极态度和对创业活动的认可对刺激创业意愿具有重要影响。如果社会大多数成员怀疑创业的可行性,创业意愿将受到抑制,创业活动难以发展,相反,如果社会上的大多数成员都对创业行为认可并且对创业的结果怀有美好的期待,那么会对创业活动具有很好的刺激作用。

谢春艳(2013)认为一个地区的创业成功和创业活动的创业环境密

切相关。人们赖以生长的社会环境造就了人们的价值观和世界观。不同的社会文化环境影响人们的生活方式和消费方式,产生了来自不同地区、不同群体的消费需求,从而形成了不同的市场。随着地理迁移的便利性和追求个性化的需求,大众市场日益转变为更加分散的具有个体差异特性的小众市场,每一个群体都有其独特的爱好和消费特征。创业者对社会文化环境的变化产生的新市场、新业态的深刻认识和有效把握可能会创造出新的创业机会。

徐晋(2013)认为良好的文化与社会规范,可以给予创业者更为宽松的社会文化及舆论环境,不仅在创业感知和创业机会的把握方面影响着创业者,而且基于对创业失败的社会认同,会在心理素质方面正向影响创业者。良好的文化与社会规范也可以在财富创造的态度方面对创业活动产生积极的影响,通过财富创造相关指数形成创业竞争的良性循环,刺激创业的发生与发展。但是在我国农村,几乎没有这样的优良的文化与社会规范环境,所以在创业初期就会对农民工返乡创业者产生负面的影响。创业的盲目性和担心创业失败所带来的心理压力,是创业发展的重要障碍之一。因此,鼓励和培养农村良好的文化与社会规范,除了可以协助农民工明确创业的方向和创业的选择外,还可以给予创业失败的农民工更多的鼓励,减轻心理负担,因此,良好的文化与社会规范可以正向地促进农民工的创业活动。

闫敏(2014)认为由于我国经济发展政策的原因所出现的城乡二元结构,相对于其他外部环境因素的影响,社会文化环境的影响对返乡创业的农民工的心理素质、基础文化素质和创业能力素质而言作用不是太明显。但正是由于城乡二元结构的出现,实际上在创业导向和创业意愿方面促进了农民工的返乡创业活动。城乡二元结构的存在让在外务工的农民工坚定回乡创业的信念,促使城市劳动力回流农村,促进农民工返乡创业,从而拉动农村经济的发展。

四、个性特征的影响

Milke(1983)在其研究中指出,企业家精神主要指的是企业家和企业行为特征的人格特征。其个性特征决定了企业的行为特征。

王国华(2015)在农民个体特征方面发现,农民性别与农民是否采用合伙企业形式在5%的水平上显著相关,男性农民比女性农民选择合伙企业的比例高7.6%。农民的风险偏好与农民是否采用合伙企业形式在1%的水平上显著相关,冒险型农民选择合伙企业的比例分别比中间型、保守型农民高出7%和10.5%。农民个人特征的年龄、婚姻状况、文化程度、是否有一技之长、是否参加过技能培训与农民创业形式都不相关。在农民家庭特征方面,家中是否有老人或未成年人、家庭收入比重与农民创业形式不相关。而农民的社会特征与农民创业形式都不相关。农民年龄与农民创业区域选择呈负相关,且在1%的水平上显著,30岁以下的农民选择县城以外的比例比40岁以上选择县城以外的高出13.8%。农民文化程度与创业区域呈显著正相关,农民文化程度越高,选择离家越远的县城或县城以外的区域创业的可能性越大。

吴勇(2015)认为在个性特征方面对农民工返乡创业的影响体现在个人到底是风险追求型还是风险规避型。风险追求型的人比风险规避型的人具有更强烈的创业意愿,因为他们愿意承担创业带来的风险。

林鑫(2015)指出因为农民工自身文化素质低下,教育与培训对农民工来说显得尤为重要。在农村开展职业技术教育培训和创业教育培训,可以为初创企业和新成长型企业提供良好的知识储备。农民工在学习的过程中不仅可以开阔视野,拓宽创业思维,还可以得到培训机构提供的市场经济指导以及创业企业成长等创业相关方面的知识,从而提高创业活动的目的性和效率性。因此,他认为那些受过良好教育的返乡农民工或者具有更好的学习意愿和学习能力的农民工更能创业成功。

五、个人背景的影响

Stevenson 等(1985)从创业者的机会识别能力角度提出的创业定义认为,创业活动是由个体对机会的洞察所驱使的,并不是由创业主体拥有和控制的资源推动的。不过通过对创业主体机会获取过程的观察,Stevenson 等(1994)进一步对他们的研究作了补充,提出虽然创业是由创业者对机会的洞察驱使的,但是创业者已经拥有和控制的资源决定了其对机会的获取能力,或者说创业者对机会的把握能力。

樊永瑞(2015)在农民家庭特征方面发现,家中是否有老人或未成年人与农民是否创业呈正相关,家中有老人或未成年人的农民创业的比例比家庭中没有老人或者未成年人的比例要高8.1%。家庭农业收入比重与农民创业呈显著负相关,表明家庭农业收入比重越高,农民创业的可能性越小。

林胜(2015)通过研究发现打工经历是返乡创业的农民工与普通的农民创业最本质的区别。农民工在外务工经历因素对于个体素质特征的形成以及创业资金和创业技能等方面都有着非常重要的影响。首先,农民工在外打工的经历,会使其从创业的选择到创业全程都有参考依据,并且在心理素质方面有着重要的强化作用,会在创业意识和信心方面都有很大的正向影响作用;其次,农民工在外务工的经历其实在某种程度上也是一个学习的过程,在打工期间所积累的专业知识是农民工自身文化素质的一个很好的补充,这些必备的创业知识更是农民工创业的有力支撑;最后,农民工的在外务工经历会逐渐积累起一定的社会网络和固定的客户资源,包括人力资源、资本以及忠实的顾客群体,这是创业起步阶段非常重要的资源,对于创业活动的开展也起着正向的推动作用。所以,打工经历在农民工个体特征与创业活动的关系中起着重要的调节作用。

六、创业资源的影响

周建春(2007)在其研究中指出,农民工返乡创业贷款的影响因素有:企业的信息不对称,农民工缺乏贷款环境支持,金融服务体系不完善。所以为了解决农民工创业贷款难问题,必须建立多层次的农村金融服务体系,大力推进农村金融服务,积极创新,建立相关配套政策法规。

创业需要资金,但返乡农民工的资金有限,融资渠道狭窄,受金融机构排斥,最明显的是地理排斥。隋艳颖(2010)指出,应通过对农村土地金融制度的改革,为农民工提供金融服务。

邹芳芳(2013)指出,创业资源包括金融支持、政府的政策支持、创业教育的培训支持等。而在这些创业资源中金融支持最为重要,调查显示超过八成的返乡农民工认为创业的首要困难是资金问题。只有不到25%的农民工创立企业得到扶持贷款,但是贷款金额十分有限。创业起步阶段一个最重要的条件就是能够拥有足够的起步资金,虽然农民工在外务工有一定的积蓄,但是这对创立一定规模的企业而言却是非常之少。而农民工返乡创立企业得不到足够的贷款资金,会极大地伤害农民工创业的积极性,不利于农村企业经济的发展。如果金融机构和政府不给予资金上的扶持,多数返乡农民工会停留在创业起步阶段而无法前进。因此,建议政府应该着重加强农民工返乡创业的金融支持力度。

第二节 农民创业的研究

随着创业理论研究的不断深入,国外学者对于农民创业行为的关注也逐渐上升,国外研究主要从创业技能的角度对农民创业者的个人特征进行分析。同时,国外学者较多关注影响创业行为实施的因素。国内学者主要从农民创业心理、创业现状以及创业的经济和社会影响等几个方面着手进行分析。

通过对安徽数百名创业农民的调查,林斐(2002)分析了当地农民创业的现状以及存在的问题。李岳云等(2008)认为农民创业对新农村的建设和推进以及城乡建设的统筹具有重要的战略意义。李含琳(2008)分析了农民创业对社会经济和农村发展的意义。综上可以看出,目前对农民创业的研究大多是从影响农民创业实施因素的角度展开分析,但是对这些因素如何作用于农民创业行为的影响机制及实证检验仍旧较少。

Stathopoulou(2004)认为具有创业意识的农民在不断变化的农村市场经济环境中把握潜在的创业机会,而对创业机会的识别和开发是创业成功的关键。

黄忠伟(2004)认为农民思想认识的转变是其创业的主要动力,同时,外部市场和政府对创业也有着重要影响。

Henry(2005)认为农民的创业技能及创业态度对创业成功与否具有决定性作用。

郭军盈(2006)通过调查分析总结出了我国当前阶段农民创业的特点。第一,在创业类型上,生存型创业占多数,73.6%的农民都是为了改善生活、增加收入而选择创业,机会型创业只占26.4%。第二,农民创业的机会主要来自外出务工积累的经验和技术(城市的工作经历会对农民工的眼界、创业意识等有促进作用)、农业结构内部调整产生的机会、地区非农业发展产生的机会、政府鼓励和模仿别人这四个方面。其中有89.74%的农民认为其创业机会来自外出务工的经历。第三,家庭组织是农民创业最普遍的组织形式,并不一定要创建新组织。调查中73.6%的农民都是依靠家庭组织来开展创业活动的,并没有创建企业组织。第四,农民创业表现出区域性差异特征,东、中、西部地区间差异性较大。第五,从农民创业的行业分布来看,非农行业是农民创业的首选,其中工业领域占农民创业的39.93%。第六,农民在创业地点的选择上返乡创业和打工地创业是最主要的两种形式,其中返乡创业是很多农民工的首选。第七,地区的产业集聚和市场集聚对农民的创业活动具有很大的影响,产业集聚和市场集聚程度越高的地区,农民创业的活力也越高。一些农民依靠自己的经验和掌握的信息以经纪人的身份在产、销的中间环节进行创业。

Pyysiainen(2006)认为农业收入的下降,产出和利润的降低都是刺激农民创业的重要因素。Fuller(2006)通过研究发现,农村环境对农民创业有直接影响,改善农村环境有助于农民创业行为的顺利实施。此外,农村的地理位置、自然资源、政府政策支持也影响农民创业的积极性和创业行为,同时,农村基础设施的建设和完善力度对农民创业行为的实施也有较大影响,良好的基础设施建设有助于刺激农民创业。研究成果表明,政府政策的支持力度对农民创业行为有显著影响,所以不同地区应当制定不同的农民创业政策。但是,由于国外农民与我国农民有着巨大的差异,最重要的是国外不存在农村剩余劳动力转移的问题,农民工创业是我国特有的一种社会现象,对于农民工创业问题的研究,更多的要参照我国的现实。

第三节 农民工返乡创业的研究

农民工返乡创业问题研究课题组(2009)通过对安徽、河南、江西等省份的100多个劳务输出示范县进行大规模实地调研,总结出我国现阶段农民工返乡创业的现状和特点主要体现在五个方面:第一,农民工返乡的进程越来越快。农村劳动力呈现双向流动的新局面。20世纪90年代期间,约有三分之一的农民工选择返乡创业,2000年以后,这个比例就已经上升到了三分之二,这也改变了以往的劳动力大量流向城市和经济发达地区的状况,使农村劳动力呈现出双向流动的新局面。

第二，具有一定文化素质与生产技能的中年男性是农民工返乡创业的主力，且返乡创业农民工总体的受教育程度普遍高于当地农村的平均文化水平。第三，返乡农民工在创业领域的选择上并不是以农业领域为主，而是多在与农业有关的非农产业进行创业，企业的规模以中小企业为主，多采取个体和私营的企业形式。第四，返乡农民工在创业和居住位置的选择上，仍多倾向于选择在农村或离农村较近的（集）镇，体现了返乡创业农民工虽然在家乡城镇地区进行创业，但是并没有真正地落户到城镇地区，还处在城镇化的过程中。第五，返乡农民工创业存在着东、中、西部地区的地区间差异。首先，在返乡时间上，东部地区返乡农民工创业活动从20世纪90年代就已经开始，但是到2000年以后，东部和中西部地区的返乡创业农民工比例已大致相同。其次，在解决就业方面，由于中、西部地区鼓励发展劳动密集型产业，并且中部地区的劳动力供给相对较为充足，从而使中部地区的企业平均雇佣人数达到18人，高于东部和西部地区。再次，在返乡农民工创业的产业分布上，三个区域间也存在着一定的差异，主要表现为中西部地区的返乡农民工更加倾向于在门槛低、资金需求少、技术要求也较低的第三产业开展创业活动，东部地区的返乡农民工在第一产业开展创业的比例则要高于中西部地区。最后，在选择返乡创业的人数比例上，东部地区要远高于中部和西部地区，也比全国平均水平高出很多。刘光明等（2002）提出农民工由于其自身条件的限制和我国劳动力市场的分层性，在外打工的行业多数属于第三产业的服务业、商业等领域，这些领域是在经济发展过程中新出现的或是对劳动力需求较多的行业。在其家乡所从事的行业则是以养殖业、种植业为代表的一些由于当地劳动力提高了就业层次而逐步退出的行业。返乡农民工创业者的创业历程大多是先做帮工学习经验，掌握技术，积累资金，然后再自己创业。在创业形式上多采取个体或私营的形式，以农产品为原料进行的小规模加工制造或集约种植。在创业资金方面，返乡创业农民工的创业启动资金多数属于自有资金或从亲朋处筹集,只有少数人或特殊扶持对象能够从银行获得贷款。

王希玉等(2003)指出很大比例的返乡农民工都不再从事农业领域的工作,而是利用通过在外务工提高的人力资本、获得的信息、掌握的资金、发展的社会关系等从事非农领域的工作,追求更高的人力资本回报。很大一部分返乡农民工在非农领域的工作是通过创业来实现的。返乡农民工的打工经历是其决定回乡创业的前提,对其创业行为产生着影响,也决定了创业所需的物质资本和人力资本的积累。返乡农民工的创业活动表现出五个特点:第一,以有文化的中青年为主,创业者大多在35岁左右。第二,企业规模以小型企业为主,其中个体私营企业又占了大多数。第三,创业的行业多是与农业有关的非农产业,并未完全脱离农业,兼业经营是一个重要的特点。第四,创业地在向小城镇地区集中。第五,创业领域仍然选择在农业领域的,也多是从事农业开发,表现为农产品的加工制造。

曹卫秋等(2000)提出,目前农民工创业的形式主要有个体、合伙企业、独资创办私营企业以及建立形式上比较松散的经济组织(如建筑队)等。

韦吉飞等(2008)认为有四类因素会影响农民工的创业认知,这四类因素分别是文化程度、家庭收入、年龄以及家庭地理条件与地形特征。

赵满等(2008)提出了外出打工经历、地域分布和群体特征三个因素与返乡农民工的创业活动间存在着规律性的联系。首先,外出打工经历促进了返乡农民工有关技术、知识、市场信息、管理技术以及创业资金的积累。其次,在经济基础相对较薄弱、就业容量小的农村地区,返乡农民工的创业活动较为活跃。最后,返乡农民工创业者以初中以上文化的中青年为主,多采取小型的私营企业和个体经营形式,以兼业经营为主,多行业分布,并有向城镇集中的趋势。

林斐(2004)从经济理性角度出发,认为农民工返乡创业的行为虽然也是一种劳动力的回流,但是与一般的外出劳动力回流相比更具主动性。返乡农民工创业者的创业原因既有经济因素,也有非经济因素,可以概括为三个方面。第一,农民工选择返乡创业的创业动机是对较高创业收入的预期。按照托达罗(Torado,1970)在人口流动模型中对人口流动因素的解释:发展中国家劳动力从农村地区向城镇地区流动的原因是预期在城市获得的收入要高于在农村获得的收入。因此,当农民工预计的创业收入高于打工收入时,他们就可能会在利益的驱动下选择返乡创业。第二,能够利用的家乡资源条件是返乡农民工创业的基础,他们的创业活动主要是依托和利用当地资源在农产品加工、轻工业、建筑建材等门槛低、成本少的劳动密集型行业开展。第三,返乡农民工家乡的社会制度、风俗习惯、文化等环境因素也是影响其创业活动的重要因素。农民工并不一定能很好地融入城市的社会中,往往对家乡的社会文化在心理上表现出强烈的认同感,再加上感受到的发达地区同家乡之间巨大的发展差距,这些都会激发和促使农民工决定返回家乡创业,既为自己增加收入,也能为家乡作出贡献。

王天权(2006)提出,返乡农民工创业是一种农民工"回巢"现象,是农民外出打工发展到一定阶段后形成的。导致这一现象出现的原因包括社会、家庭、经济等多个方面。如长期存在的城乡社会经济二元结构、为了照顾家庭和寻求再发展的需要、故土情节和情系家乡的情感需要、家乡投资环境的改善、人力资本与经济基础的提升。

韩军等(2008年)提出,返乡农民工创业不仅仅是一种从自身利益出发的市场行为,这种行为还能带来一定的社会效益。农民工决定返乡创业的行为是在个人、家庭、宏观经济政策环境等多种因素共同作用下作出的理性选择。现阶段返乡农民工创业的兴起主要由四个方面的因素共同推动,分别是返乡农民工创业的孵化器来自其外出的打工经历、返乡农民工创业的自身动力来自其强烈的创业愿望、返乡农民工创业面临的一个有利背景就是劳动密集型产业向中西部地区转移以及城市二元体制的排斥。

黄中伟(2004)通过对浙江农民创业活动的分析,提出了穷则思变是浙江农民创业的动力,而不是一般学者认为的浙江人具有创业天性。另外,政府和市场较多的同情和照顾决定了浙江农民创业的成功。他认为浙江的经济就是农民创业的经济。

叶兴庆等(2008)在研究中,提出了农民工返乡创业的基本推动力量来自发家致富、照顾家庭、人脉关系和降低成本四个方面。返乡农民工创业的原因主要有四方面:第一,是不甘心长期在外打工,而希望自己创业当老板,拥有自己的产业;第二,是希望通过创业改变长期离家的状况,以便可以照顾家人;第三,是可以利用家乡的人脉关系;第四,是为手中的多余资金寻求出路。

张强(2009)提出,农民工返乡创业不仅是一种个人行为,也是由一系列矛盾和问题导致的复杂现象,涉及制度、社会背景、经济、家庭四个方面的因素。制度方面主要体现在国企改革带来的大批下岗工人抢占了农民工的就业机会;社会背景方面表现为城市社会对打工农民的歧视所带来的农民工社会地位和生活待遇低下的局面;经济层面的因素则是全球性的金融危机导致的大量农民工失业和提前返乡;家庭层面则是我国城乡经济社会二元结构导致的城镇居民和农村居民在教育、医疗等方面的不公平,促使农民工最终选择返回家乡创业。

农民工返乡创业问题研究课题组(2009)提出,农民工返乡创业是在对家乡和打工地的收益进行比较后作出的理性选择,受到农民工个人、家庭、宏观社会经济环境等多种因素的影响。打工经历帮助农民工积累起必需的技术、资金、管理经验等创业基本条件;创业的动力来自对家乡的心理认同和强烈的创业意愿;产业环境的改善和家乡政府的政策扶持是返乡农民工创业的有利条件;城乡二元户籍制度和较高的生活成本是推动其实施返乡创业活动的外部推动力。

米云青等(2006)认为下岗职工、农村剩余劳动力和高校毕业生已经形成了一个庞大的待业队伍。而在现代化、工业化和城市化的进程中逐渐减少农业从业人员的数量是社会经济发展的必然趋势。在就业压力的增加和农村剩余劳动力增多的情况下,农民自我雇佣、自主创业便成为当前和今后社会经济发展的必然要求。

李铜山等(2005)认为农民工返乡创业不仅是因为一些农民工通过打工已经致富,手中积累了一定的资金;同时,中央为从根本上解决"三农问题",连续下发"一号文件",出台了许多惠农、扶农的政策,为返乡农民工提供了一个良好稳定的政策环境,吸引大批的农民工返乡创业。从农民工自身来看,在外打工的经历培育了他们的创业能力和创业意愿,传统的乡土观念使他们愿意回到家乡,利用自己所熟悉的家乡资源、人脉关系和投资环境开展创业,而且也能保证比在其他地方更高的创业成功率,再加上有些农民工在"打工大学"中学习和掌握了一定的技术、文化,这也使他们萌生了发展现代产业的念头。

陈锡文(2009)也表示,2008年爆发的国际金融危机对中国经济的增长产生了一些负面影响,中国的出口产品受到了影响,导致农民工的就业出现问题,在1亿3 000万外出打工的农民工中,大约有两千万的农民工由于经济不景气失去工作返回家乡,这在客观上推动了农民工自主创业、寻求出路。

通过对不同学者的研究进行回顾和总结我们可以看出,农民工作出返乡创业的决定主要源自三个方面的考虑:首先,最主要的原因是返乡农民工出于解决自身就业、增加收入这种想法的驱动;其次,来自对家乡难舍的故土情节和希望同家人团聚、照顾家人的愿望的驱动;再次,我国特有的城乡经济社会二元结构给农民工带来的各种不利因素迫使其选择返回家乡创业。

韩军等(2008)相信,目前我国很多地区对农民工返乡创业在推动地方经济发展、解决就业等方面的重要作用的认识不够,导致农民工在返乡创业的过程中有很多不利因素。首先,是地方政府没有充分认识到返乡农民工创业的重要意义,缺乏相应的政策优惠。重视招商引资而忽视农民创业,政策上偏向于外资企业和大企业,已有的政策优惠往往也难以及时到位。其次,农民工返乡创业办事难,乱收费、乱罚款和乱摊派的"三乱"现象时有发生。由于返乡农民工创业主要集中在对资金、技术等要求不高的劳动密集型行业,创业资金多是依靠自有资金或是从亲朋处筹集,因此"三乱"现象进一步加重了返乡农民工创业者的经济负担。再次,返乡农民工返乡创业的融资渠道少,融资困难,贷款利息较高,且相应的信贷担保体系发育迟缓。由于缺乏相应的金融政策扶持,企业在进一步扩张或资金周转过程中面临很大的困难。最后,土地是制约返乡农民工创业的一个因素。大部分的返乡农民工创业者都认为创业用地是他们面临的一个难题。这主要是一些地方在执行相应的用地指标控制政策时,没有考虑当地经济、社会发展的实际情况,没有灵活地给予返乡农民工创业者相应的照顾和扶持。

农民工返乡创业问题研究课题组(2009)的研究也认为这些因素是影响和制约返乡农民工创业的原因,除此之外,课题组还认为返乡农民工自身的素质也是影响其创业活动的重要因素。很多农民工通过在外打工的经历,掌握和学习了一定的技术,提高了自身的文化水平,但由于农民工打工所从事的大多是最基层技术性和操作性的工作,因此在管理经验方面会相对匮乏,当企业发展到一定阶段之后,这个因素的负面作用就会表现出来,直接限制和制约企业进一步的发展壮大。

王西玉等(2003)通过实地调查分析,提出发展非农产业、创办工商企业困难多、关停多是返乡农民工创业过程中存在的突出问题,倒闭企业的比例占到了28.8%。他通过分析认为资金短缺、税费负担过重、创业盲目性和违反市场规律的行政干预以及创业者的经营管理不善是制约返乡农民工创业和导致创业活动失败的原因。他认为相应的基础设施建设、市场建设、社会服务的缺失以及过重的税费负担只是加快了企业倒闭的步伐,而导致返乡农民工创业企业倒闭的根本原因还是源自农民工自身的素质和条件问题。

陈晓宏(2005)指出,长期的城乡经济社会二元结构导致的教育、文化的城乡差距,使农村劳动力在文化素质和技能素质方面总体较差。返乡农民工的创业行为很大程度上受到周围环境的影响。

李岭梅等(2005)提出,长期的贫困使农民规避失败的动机很强,缺乏创业的动机,而且落后的农村生活也使农民缺乏市场和竞争的意识,再加上整体较低的文化水平导致的创业能力与技能的低下,因此会影响返乡农民工作出创业决定。李岭梅等还从内因和外因两个方面分析了影响农民工创业的因素。内因包括创业动机不足、创业素质总体较为低下以及缺乏参与创业培训教育的热情。外因则包括当地不够完善的市场体系和不够健全的创业服务机制。

阳立高等(2008)在对湖南的情况进行实证分析后得出结论:政策、环境因素是影响和制约返乡农民工创业的主要问题,包括政府服务思想不够明确、创业初期融资困难、税费负担偏重、用地难问题没有得到有效解决、基础设施建设跟不上企业发展需要、生活环境差等。

黄建新(2008)对返乡农民工的创业活动进行了结构化的分析。他指出对返乡农民工创业问题的研究不能脱离中国的特殊国情。我们对地方政府、社会组织和返乡农民工创业者三方的结构和功能关系的准确定位是决定返乡创业活动能否成功的关键。返乡农民工创业者创业的顺利完成需要政策的扶持和社会的合力支持,创业者自身人力资本的提升也是一个关键的因素。

姚监复(2009)认为农民工自主返乡创业动力不足的原因在于没有一个中间组织为其创业活动提供帮助。由于政府的扶持力度有限,因此规模小、经营分散的小农经济难以同国内外的大经济体开展公平的竞争。再加上复杂的创业审批程序,使返乡农民工自主创业活动水平不够理想。

一些学者从教育培训方面分析了影响返乡农民工创业的原因。

澹台思鑫(2006)认为目前我国农民创业素质低、创新意识差的原因在于对农民的创业教育培训还处于起步阶段,缺乏正式的培训机构来培训和提升农民的创业技能与创业素质。

陈晓宏(2005)认为虽然我国出台了一系列的农民工培训计划和政策,但是重形式、轻效果,重视培训前的选拔而忽视培训后的扶持的做法在很大程度上影响了培训的实际效果,创业培训应分为选拔培训和扶持创业两个阶段,搭建农民工返乡创业平台。因此,可以看出制约和限制返乡农民工创业的因素主要表现在两个方面。第一个就是主观的农民工自身因素,包括总体文化素质水平较低、创业资金少以及必要的创业技能缺乏等内容。另一个是客观的环境、政策因素,包括地方市场体系不完善、缺乏相应的创业扶持政策等内容。但是作为创业活动的主体,农民工总体创业素质较低是制约当前返乡农民工创业活动的主要因素,因此,能否重视和做好对农民工的技能培训,出台相应的政策对其进行扶持和引导,是现阶段要解决的首要问题。

刘光明等(2002)提出,返乡农民工创业对推动当地的农村工业化进程并没有太大作用,主要是对当地的城镇化和农业结构调整方面起到一定的作用。他们总结出返乡农民工创业活动所产生的三方面影响。第一,对城市化的贡献大于工业化。由于返乡农民工的创业活动多是在家乡的第三产业内进行,因此能够在一定程度上弥补当地城镇功能上的不足和提高某些功能的水准,推动当地的城市化进程。第二,推动了当地农业结构的调整。返乡农民工在农业相关领域的创业活动能够为当地的农业带来技术、资金、市场信息等资源,并且通过示范效应推动和促进当地农业内部结构和产业结构的调整升级,帮助提高农民收入。第三,积极投资公共设施建设。一些返乡创业者或是出于对家乡的感情,或是出于感谢家乡对其创业的支持,积极投身于家乡的公共设施建设和公益事业,为家乡作出贡献。

韩军等(2008年)提出,农民工返乡创业有利于促进贫困地区和欠发达地区的经济发展,改变城乡发展不平衡,甚至在某些方面起到了道路和突破的作用。农民工的返乡创业活动带来了一批就业机会,能够吸收一定数量的当地农村剩余劳动力,为解决农村劳动力转移开辟了一条新途径。农民工通过在外打工积累的资金、技术、经验等创业资本返回家乡创业,有利于促进当地的乡镇企业和中小、民营企业的发展,有利于协调高素质人力资源发达地区和落后的农村地区的协调分配,有利于推动当地的农业现代化和新农村建设,加快推动当地农村的城市化进程。

农民工返乡创业问题研究课题组(2009)提出,由于农民工与农村、农业的天然联系,推动和促进返乡农民工创业为建设社会主义新农村提供了一条新的发展思路。课题组认为返乡农民工创业的作用和意义体现在五个方面。第一,农民工的返乡创业促进了当地的就业,拓展了农村劳动力转移就业和增加收入的途径。返乡农民工通过创业不仅解决了自身的发展问题,增加了收入,而且也帮助当地的农村剩余劳动力和城镇待业人员、失地农民等解决了就业问题,增加了他们的收入。第二,通过返乡创业将优势资源引向农村和经济欠发达地区,有助于缩小城乡间和地区间的差距。第三,带动了当地农业发展方式的改善,有利于农业的现代化。第四,提供了一批较高素质的人才来建设社会主义新农村。第五,返乡农民工创业还有利于加快推动中西部地区的城市化进程。

凌斌等(2006)认为返乡农民工创业是县域社会经济加快发展的强大推力。农民工的返乡创业活动推动了县域竞争力的快速提高和县域工业化、城镇化的进程,有利于推动当地农业结构的调整,作为广大农村现代文明的"播种机",促进地方农村社会由封闭走向开放,由农业文明走向工业文明,由传统文明走向现代文明,并且大大地拓宽了农村就业的渠道。由于返乡农民工创业企业多属于劳动密集型企业,为解决农村剩余劳动力的就业和收入问题提供了一个新途径,为城乡经济统筹发展和新农村建设作出重要贡献。

贺喜灿(2008)提出,返乡农民工创业为建设社会主义新农村作出了突出的贡献。农民工返回家乡,投资创业,能够拉动相关产业的发展,推动农业产业化进程,增加地方税收,带动农村经济发展。农民工创业多在劳动密集型行业中开展,因此能够吸纳相当数量的当地农村剩余劳动力,有利于带动农民增加收入。另外,返乡农民工创业者的创业活动所具有的知识溢出效应,还有利于带动当地农村人力资源的开发,培育社会主义新型农民。

林斐(2004)分析了不发达地区外出农村劳动力返乡创业的经济效应。虽然有些学者认为返乡农民工创业只是个别现象,有悖于城市化,是一种特殊的劳动力回流现象,不仅不会对地方经济发展产生大的作用和影响,反而会对农村剩余劳动力转移带来负面的效果。但是一个不争的事实摆在我们面前,那就是随着越来越多的农民工利用其在外打工时积累的资金、技术、经验、知识等创业资本返回家乡创业,地方的经济发展也越发蓬勃。因此他认为由于返乡农民工创业的活动会从三个层面带来当地资源要素的重组,创业的经济效应正是通过这些资源要素的重组而得以体现的。首先,是带来市场资源的重组,改变家乡以往的资源利用方式,采取独资、合资、联营、引进等多种方式发展农产品和资源的生产与加工。其次,是带来劳动力资源的重组。返乡农民工创业多集中在劳动密集型产业的原因就是可以利用丰富的、相对廉价的劳动力代替稀缺的资本,不仅更加的经济,还为地方解决了部分就业问题。最后,是带来人才资源的重组。以这些具有丰富经验、技术、知识的返乡创业者为核心,可以为地方培养出一批专业的人才,实现地方劳动力素质水平的整体提升。

李含琳(2008)也从经济学的角度分析了返乡农民工创业的重

要作用。认为返乡农民工创业提升了创业者自身的经济地位和社会地位、拓展了农村经济开发的领域、开辟了贫困地区农村富余劳动力的就业途径。从国家经济发展的战略角度看,返乡经济是推进中西部地区工业化发展的新生力量和地区城镇化发展的有效机制,是促进农村生产力发展的孵化器,还是实施"双反哺"国家战略的有效机制。

王天权(2006)认为农民工返乡创业在我国建设社会主义新农村方面具有重要的作用。主要体现在返乡农民工作为建设社会主义新农村的重要力量,这部分人的返乡创业活动有利于促进农村落后面貌的改变、吸引人才回流和推动小城镇建设。通过对以往学者的研究可以看出,返乡农民工创业的作用和意义不仅仅体现在增加了农民工返乡创业者的收入,解决了部分当地剩余农村劳动力的就业和收入问题,更体现在返乡农民工创业对于推动当地的农业产业化、改善农业发展方式、加快城市化等方面的突出贡献。

第四节 文献评述

通过对国内外的这些研究成果进行总结分析,我们可以得到这样的启示:对返乡农民工创业的研究主要集中在返乡农民工创业的意义和困难上。多数学者认为,返乡农民工面临的主要问题是缺乏创业资金、创业素质低、企业管理能力差、创业人才支撑不足、缺乏公平的创业环境等。而为什么会导致这些问题,许多学者没有明确指出。本书认为,返乡农民工所面临的问题可以归纳为两个方面:一是返乡农民工创业的成功率不高,导致农民工创业意愿低,如何提高创业成功率是大多数学者在研究农民工返乡创业时想要解决的主要问题;二是大多数农民工不具备自主创业的意识,他们大多吃苦耐劳,但思维僵化,缺乏返乡创业的驱动力。要想解决这些问题,不仅要了解农民工返乡创业面临的实际问题,同时也意识到问题的严重后果,从而提高相关部门的重视,为有关部门有针对性的政策提供了可靠的依据。可以看出,当前阶段返乡农民工创业表现出三个鲜明的特征。首先,在返乡产业选择中,与农业相关的非农产业大多集中在劳动密集型产业。其次,在创业地点的选择上,大多选择了农村或城镇附近地区。最后,风险投资大多是由自己的资金或亲戚朋友所拥有的,企业的组织形式大多是家庭组织形式。

上述对于返乡农民工创业的研究,呈现出下述三个特点:一是通过对局部地区返乡农民工创业的考察,以行为学理论和心理学理论为基础,分析返乡农民工创业的原因;二是从宏观角度出发,通过对返乡农民工创业制约因素的分析,探索如何推动返乡农民工创业;三是通过对返乡农民工创业的调查研究,分析当前返乡农民工创业的现状和特点以及如何推动返乡农民工创业。研究返乡农民工创业,必须对其进行明确的界定,但是现有的研究并没有针对这个问题给出一个明确的解释。在这些研究中,对返乡农民工创业精神进行了概念性解释。但都是从创业的概念出发,在前面增加了一个特定的限制性的创业群体——返乡农民工,忽视了返乡农民工在创业中所具有的特点,也忽视了返乡农民工创业和其他创业的差异。对于返乡农民工创业的研究分析只是从农民创业的类型出发来展开的,以返乡农民工创业的形式代替了概念的界定。现有这些关于返乡农民工创业的研究都是从返乡农民工创业的某一个方面或者某一个地区展开的。缺乏对于返乡农民工创业影响因素与创业活动关系的研究,包括如何界定返乡农民工创业、返乡农民工创业活动包含哪几个维度、影响我国返乡农民工创业的因素及其影响程度如何等内容。对这些问题的深入研究将使我们对我国返乡农民工创业进行更好地把握和理解,促进更多的返乡农民工创业。这也是本选题需努力研究和希望解决的问题。

第五节　本章小结

本章前四节对前人的相关研究进行了梳理，主要涉及创业资源、影响创业的因素、当前我国农民工返乡创业面临的困难以及对策等。本节将对这些理论、观点从影响农民工创业的因素以及应对措施两个方面进行一个系统的总结。

一、影响农民工返乡创业的主要因素

很多农民工之所以留在城市，不回农村，就是因为返乡创业的成本太高、门槛太高，他们的经济条件和经营能力不足以返乡创业，因而他们宁愿留在城市坦然地当"农民工"，也不愿意当"创业者"。《关于支持农民工等人员返乡创业的意见》明确提出要降低返乡创业的门槛，具体地讲，就是要不断深化商事管理制度改革，努力落实注册资本登记的制度改革，更好地优化返乡创业的登记方式，不断简化创业住所的登记手续，通过"一址多照"和集群注册等方式进行住所登记制度改革。农民工创业有两个难度：一是资金难度，二是经营难度，而经营难度主要表现在经营范围上面，此次国务院颁布的这项意见，放宽了经营范围，鼓励返乡的农民工积极投资农村基础设施、兴办各类事业，参加和建设公共服务项目。通过政策将返乡的农民工纳入社会信用体系，建立健全返乡创业的市场交易规则和服务监管机制，这样就在一定程度上减少了交易成本，提高了管理水平。

二、提高农民工返乡创业意愿和成功率的措施

1. 从税收政策上给予支持

创办企业的目的是为了盈利，农民工返乡创业是为了更好地生活，为了更好地留在家乡，但是当前创办企业的成本很高，不是农民工能够

真正承受的,成本过高的一个原因就是各种税太多。国家为了促进和加快农民工返乡创业的步伐实行了定向减税和普遍性降费的政策,农民工返乡创业,创办大企业的可能性不大,大多是创办小微企业,因而农民工等人员返乡创业,可适用国家税务总局颁布的《关于小型微利企业所得税优惠政策的通知》(财税〔2015〕34号)《关于进一步支持小微企业增值税和营业税政策的通知》(财税〔2014〕71号)《关于对小微企业免征有关政府性基金的通知》(财税〔2014〕122号),同时也可以适用人力资源和社会保障部与财政部共同颁布和实行的《人力资源和社会保障部 财政部关于调整失业保险费率有关问题的通知》。这些都在一定程度上减免了农民工创业的企业所得税、增值税、教育费附加、水利建设基金、文化事业建设费,同时也降低了失业保险费等,这项政策真正地鼓励了农民工返乡创业,因而各级部门要密切配合,确保这些优惠政策的落实。

2. 加大金融支持力度

农民工返乡创业遇到的最大问题莫过于资金问题,农民工虽然在城市里打拼多年,但是他们大多数都是从事又苦又累的体力活,相比其他工作类型薪资并不高,同时绝大多数农民工将辛辛苦苦挣来的钱用在了改善居住环境和家庭支出,因而没有多少资金用于返乡创业。可见,加大财政支持力度是农民工返乡创业的基础,是农民工返乡创业的动力。《关于支持农民工等人员返乡创业的意见》中明确提出要充分发挥财政资金的杠杆引导作用,对返乡农民工创办的新型农业的经营主体等进行资金扶持和政策支持,让那些符合农业补贴的农民工创业者按照规定享受资金扶持和政策支持。建立健全政策性受益者信息网络化检查机制,从而让那些能够使用各项支农惠农资金、小微企业发展资金等其他具有扶持政策规定条件的农民工和创业者更好地进行创业,更要将符合政策规定条件的农民工和创业者及时纳入扶持的范围,通过便捷的申请程序、简化的审批流程等释放农民工创业的激情,增强创业的活力,同时对那些经过工商登记注册的网络商户从业人员和未经工商登记注册的网络商户从业人员等都要按照灵活就业人员提供各项扶持政策和财政政策。

3. 强化返乡农民工创业的金融服务

农民工返乡创业需要基本的资金,也需要良好的金融服务,所以,强化返乡创业的金融服务是农民工返乡创业的重要形式。强化返乡创业金融服务就要加强政府的引导,也就是通过政府积极协调,吸纳更多的社会资本加大对农民工返乡创业的支持力度,而且可以利用政府的威望和信用让那些具有实力投资的大企业扶持农民工和帮助农民工创业,要不断扩大直接融资的规模。当前乡镇银行和农村信用社在农民工返乡创业中并没有发挥出应有的作用,为了进一步提高返乡创业的金融可获得性,就要加快发展乡镇银行和农村信用社,同时也要加强其他中小金融机构和小额贷款公司机构的发展,要根据农民工返乡创业的需求特点开发相应的金融产品和金融服务,不断完善返乡创业的信用评价机制,扩大抵押物的范围,加大返乡创业的服务力度和信贷支持。要进一步发展农村的普惠金融,对于涉农的资金要进行精准投放和使用。要积极优化贷款审批的流程,更好地落实创业担保贷款政策,财政部门要根据规定增加贷款贴息所需要的资金。

4. 健全农村的基础设施

农民工返乡创业不能单打独斗,要靠政府,要靠集体,因而返乡创业园的建设和发展是农民工返乡创业的必然趋势,创业园是农民工返乡创业的终极体现,是党和国家积极倡导的,返乡创业园的建设需要大量的资金予以支撑,可以说返乡创业园既需要农民工自筹,也需要政府和社会的投入,对农民工来讲,可以用土地租赁等方式投资和建设返乡创业园,这样不但能形成固定的资产,也能按照物业经营的收益进行合约分配。返乡创业园建设的关键是基础设施的建设和产业集群的发展,因而这不是政府独自能完成的,也不是农民工自筹能办到的,对政府来讲,要合理调整支出的结构,安排相应的财政引导资金,通过投资补贴和贷款贴息积极引导社会资本投资和建设返乡创业园。同时政府要进一步放宽返乡创业园用电、用水和用地的标准,通过这些优惠的政策吸引更多的返乡人员建设创业园,入住创业园。创业管理理论上明确说明了机会导向和动态性是创业管理的核心,创新活力、控制成本、勇于承担风险、团队的协作是创业管理的主要特征,当前农民工返乡创业就要不断地释放活力,抓住国家积极引导返乡创业的政策,更好地控制成本,勇于承担各种风险,通过政府的扶持和团队的力量,进行规模化的创业,从而更好地建设社会主义新农村。

第三章 农民工返乡创业的基本理论

第一节 需求层次理论

一、需求层次理论的介绍

马斯洛的需求层次理论是人学的科学理论之一。它是由美国心理学家马斯洛于1943年在人类动机理论论文中提出的。其将人类需求按阶梯式,从低到高,根据它们的层次分为五类:生理需求、安全需求、社交需求、尊重需求和自我实现需求。自我实现需求之后,存在着自我超越的需求,但通常不是马斯洛需求层次理论的必要层次。大多数人都会把自我超越融入自我实现的需求中。

第一层次,生理需求:呼吸、水、食物、睡眠、生理平衡、分泌和性。如果这些需求中的任何一个(除了性)得不到满足,人类个体的生理功能就不能正常运作。换句话说,人类的生命将受到威胁。从这个意义上说,生理需求是人们行动的最重要的驱动力。马斯洛认为,只有当这些基本需求达到生存所需的程度时,其他需求才能成为新的激励机制,而此时,这些相对满意的需求将不再成为激励因素。

第二层次,安全需求:人身安全、健康保护、资源所有权、财产所有权、道德保护、职业安全和家庭安全。根据马斯洛的理论观点，人们的感官、效应器官、智力等能源，主要是为了寻求安全的工具，甚至把科学和生活视为安全需求的一部分。当然，当这种需求相对满足时，它将不再是一种激励。

第三层次，社交需求：友谊、爱情、性亲密。每个人都想得到相互的关心和照顾。社交需求比生理需求更为细致。它与一个人的生理特征、经历、教育和宗教信仰有关。

第四层次，尊重需求：自尊、自信、成就、对他人尊重、被他人尊重。每个人都希望自己有一个不错的社会地位，需要个人的能力和成就得到社会的认可以此来彰显自我价值。尊重的需求可以分为内部尊重和外在尊重两个方面。内部尊重是指在各种不同情况下，都有能力胜任，并且自信和独立的人。总之，内在的尊重就是人的自尊。外部尊重指的是希望拥有地位、声望，受到他人尊重、信任和高度评价的人。马斯洛认为尊重需求得到满足，要使人们充满自信，对社会充满热情，体验生活的价值。

第五层次，自我实现需求：道德、创造力、意识、解决问题的能力、公平和接受现实。自我实现的需求是最高层次的需求，是实现个人理想、抱负，发挥个人的能力到最大程度，达到自我实现境界，这一层次的需求旨在提高解决问题的能力，提高自觉性，善于独立处事，能不受打扰地独处，所做的一切与他们的能力相称。也就是说，人必须做称职的工作，才能使他们感到最大的幸福。马斯洛指出，满足自我实现需求的方法因人而异。

五个层次的需求像楼梯一样从低到高，按等级顺序上升，但它不是完全固定的，可以改变，有各种例外。马斯洛需求层次理论有两个基本出发点：一是每个人都有需求，一层需求得到满足后，另一层需求才会出现；二是在各种未满足的需求中，首先要满足迫切需求；该需求满足后，后面的需求才能表现出激励作用。

一般说来，某一层次的需求相对满足了，就会发展到更高的层次。更高层次的需求是驱动行为的动力。相应的，已基本满足的需求不再是一种激励。五个需求也可以分为两级，生理需求、安全需求和社交需求属于低级要求；尊重需求和自我实现需求是高级需求。但是一个人的尊重需求和自我实现需求是永无止境的。一个人可能同时有几个需求，但总有一个需求在某一个阶段中起支配作用。各级需求相互依存，相互重叠。高级需求发展后，低级需求仍然存在，但对行为的影响程度大为降低。

马斯洛和其他行为心理学家认为，一个国家大多数人的需求层次直接关系到经济发展水平、技术发展水平、文化水平和人民受教育程度。在发展中国家，生理需求和安全需求占主导地位的人数比例较大，而在发达国家，则刚好相反。

二、需求层次理论与农民工返乡创业的联系

在社会生活中，个体的行为绝大多数是有意识、有目的的。研究个体行动的主观原因，即研究其动机。创业意识是指在创业实践活动中对创业者起动力作用的个性意识倾向，包括创业的需要、动机、兴趣、理想、信念与世界观等要素。它集中体现了创业素质的社会性质，支配着创业者的态度与行为，并规定其方向、力度，具有较强的选择性和能动性，是人们从事创业活动的强大内驱动力。创业意识的影响因素主要是创业动机，因而将创业意识与创业动机视为同一概念使用，将对创业意识强弱的测量转化为对创业动机强弱的测量。动机与需求密切相关，需求更大的动机是人的行为生成的一个更深层次原因。因此，在社会心理学的理论框架中，动机首先是谈论需求。需求是个人在社会生活中对其缺乏某种必要性的欲望。它是一种由于缺乏而努力寻求满足的精神状态，是身体自身或外部生活条件在大脑中的反映。需求的出现取决于两个方面：一方面是个人缺乏的缺失感；另一方面是寻求个人

满足的期望。需求是行动的动力,缺乏满足是激发人们行动的共同原因。需求越强烈,动机越积极。

马斯洛需求层次理论有以下特点:①五个基本需求是分层的,一层比一层高级。生理需求是基础,是最基本的需求;安全需求处于较低水平;社交需求属于中等水平;尊重需求属于较高水平;自我实现需求是最高级的需要。②五个基本需求是逐层上升的。当较低层次的需求没有得到相对满足时,就不会上升到更高的需求层次。此时,较低的层次需求属于优势或主导需求。而当低层次的需求获得相对满足后,将提升到更高的层次需求,并引导个人行为。这五个基本需求存在于个人需求的结构中,只有一个是突出的,其他的是弱的甚至分散的。③未得到满足的优势需求是最重要的驱动力。同时,人在不同地位和不同条件下会有各种不同的需求,其中一个不满足的优势需求决定人们的行为。④较低层次需求主要从外部材料得到满足,高层次需求从内部精神得到满足。生理需求、安全需求是较低层次的需求,是有限的,一旦得到满足,便不再是人们行为的动机;社交需求、尊重需求和自我实现需求这些高层次的需求往往不容易满足,尤其是尊重需求和自我实现需求几乎一直是不满足的,因为人的这两种需求是高水平增长的。动机又称内部驱动,是驱动人们行为的内在原因。要了解人的动机,只有通过自我反省或外在行为来推测和判断。从动机可知,动机体现的是人的行为。如果能对人们的行为进行系统的观察和分析,就可以推测其动机。动机与需求是密切相关的:需求是内在的和隐蔽的,是支配人们行动的内部原因,需求是动机的基础,也是行为的最根本的原因。诱因是一种与需求密切相关的外部刺激。动机是行为活动的直接动因。必须明确的是,需求和动机之间是有区别的。动机的产生受内外两个因素的影响。个人的内在需求是动机的根本原因,但环境作为诱因,会引导个体朝着一个特定的目标前进。只有当目标足以满足需求,才能使需求转化为动机,否则,它只是产生了一种需求,而不是动机。

第二节 羊群效应理论

一、羊群效应理论的介绍

羊群效应又称从众效应,是指个体的思想或行为因受现实或想象的群体的影响或压力,而向与大多数人相一致的方向变化的现象。它表现为在特定的或暂时的情况下采用主导的概念和行为(随潮)。人们将遵循群众的共识,默认地否定自己的意见,而不是主观地考虑事件的意义。不管其是否有意识,群体观点的影响足以动摇任何持怀疑态度的人。群体的力量明显使理性判断失去功能。

经济学中的羊群效应是指存在一些没有形成自己的期望或获得第一手信息的投资者。他们会根据其他投资者的行为改变自己的行为。羊群是一种非常杂乱的组织,通常是一起盲目的左冲右撞,一旦有一只头羊移动,其他羊都会不假思索地加入这个行列,而不管是否有风险。因此,羊群效应就是隐喻人们有从众心理。从众心理很容易导致盲从,盲从往往又导致欺诈或失败。

羊群行为也可以称为群体心理、社会压力、传染等,最早是股票投资的一个术语,主要指投资者在交易过程中的学习和模仿现象,由于盲目跟风导致他们在一定时期内买卖同一股票。在一群羊前面横过一根棍子,第一只羊跳过去,接着第二只、第三只会跟着跳;然后,把棍子收起来,后面的羊过来,还会像前面的羊一样要跳,这就是所谓的"羊群效应",也叫"从众心理"。

羊群效应也是一些管理公司市场行为中普遍存在的现象。这是由于信息不充分和缺乏了解,投资者对未来市场的不确定性作出合理预期是很难的,而只能从周围人的行为中提取信息,在这种信息的不断传递中,许多人的信息将大致相同,相互加强,从而导致羊群行为。羊群效应是个体理性行为导致的集体非理性行为的非线性机制。

在羊群效应中,某羊群的头羊(领导者)占据着主导地位,整个羊群将模仿头羊(领导者)的一举一动。古斯塔夫·勒庞理论最显著的特点是:无论谁是这一群人,多么的相似或不相似的生活方式、职业、性格、智力,只要他们组成一个团队,你会感觉,思考和行动的方式,跟他们作为独立存在的个体时有很大的不同。大量相关资料清楚地指出,群体行为或从众效应存在着明显的非理性因素。Muzafer Sharif 做了一个著名的实验,一群人坐在黑暗的房间里,透过一个小孔观察着一个光点。他们事先被告知光点会移动,他们必须估计运动的振幅。事实上,这光点根本就不动。但当集体讨论时,大家同意光点发生了移动,只是在移动的振幅方面存在争议。当质问他们时,没有人意识到这是集体影响力的结果。可见,群体观点的影响足以动摇任何持怀疑态度的人。群体的力量明显使理性判断失去功能。

二、羊群效应理论与农民工返乡创业的联系

农民工创业中的羊群效应是指创业者在创业过程中会引发的学习和模仿的现象。羊群效应是对归属感、安全感和信息成本的考虑。小投资者要遵循群众的方针,服从领导,直接模仿群众和领导人的交易决策。这种行为是理性或非理性,经济学家们还没有得出一个统一的结论。例如,社会心理学中的控制实验证实,当可获取的信息非常模糊时,公众就会成为信息的来源,大众的行为为个体如何行动提供了参考。因此,可以认为创业羊群效应始于个体行为,并逐步放大和感染,进而出现跟随者。

第三节 推 拉 理 论

一、推拉理论的介绍

20世纪中叶,美国学者 E·S·李提出了人口迁移理论(也被称作

推拉理论)。他第一次将影响移民的因素划分为"推力"和"拉力"两个因素。他认为前者是一个消极因素,因为这些因素鼓励移民离开原来的居住地,而后者是一个积极的因素,因为这些因素吸引了那些移民到新居住地。

进入 21 世纪以来,随着中国城市化进程的加快,农村剩余劳动力转移的问题已成为一个全球性的问题。

推拉理论的起源可以追溯到 19 世纪。第一位研究人口迁移的学者是英国的 Raven Stan。他于 1885 年发表了题为《人口迁移法》的论文。文中主要提出了七条规则:①人口迁移主要是短距离的,方向是向工商业发达的城市。②流动人口先迁到城镇的周边地区,然后搬到城里去。③全国各地的流动情况相似,也就是说,农村人口将集中到城市;④每一次大规模的人口迁移也会带来补偿的反向流动。⑤长距离流动基本上是向大城市的流动。⑥与农村居民相比,城镇居民流动率低得多。⑦女性流动率要高于男性。最先提出这一理论的是巴格内。他认为人口流动的目的是改善生活条件,有利于改善生活条件的因素成为拉力,不利的生活条件是推力。人口流动方向受两种力量的推拉而定。国际劳工局也在一些研究报告中验证了巴格内的理论。E·S·李在"移民人口学之理论"一文中,在巴格内理论基础上,增加了第三个因素:中间障碍物。主要障碍因素包括:距离远近、物质障碍、语言文化差异、移民自身对上述因素的价值判断。人口流动是这些因素共同作用的结果。

通过对农民工外出打工的原因调查可以看出,农民工到城市打工的影响因素有:(根据其强度安排的影响)收入高;看世界;农村收入水平低;没有赚钱的机会;农村生活太差、太苦;缺乏发展机会;受别人影响;城市生活条件好;职业满意度;农村税费重;待在家里无所事事;家乡学习条件差、受教育机会少;不想干农活;家里的保守思想解放;村干部作风不好。在这些因素中,属于"推"的因素有:农村收入水平低;没有赚钱机会;农村生活太差、太苦;缺乏发展机会;农村税费重;待在家里无所事事;家乡学习条件差、受教育机会少;不想干农活;家里的保守思想解放;村干部作风不好。属于"拉"的因素有:收入高;看世界;受别人影响;城市生活条件好。

可以看出,某个地域产生的推拉因素对劳动力转移的影响是一致的,劳动力会从产生推力因素的地方流入产生拉力因素的地方。通过调查发现,影响劳动力转移的因素正是我们在构建模型中需要解决的问题。我们必须加快剩余劳动力的转移,必须调整影响转移的因素,从而增加农民收入,改善农民的生活。因此,在模型中,农村地区的推力因素在逐渐减小,拉力因素在逐渐增大。也就是说,要想促进农村剩余劳动力的更快转移,就要继续对农民工返乡创业进行扶持,使农村地区的拉力因素(有利条件)继续增大,推力因素(不利条件)不断减小。

二、推拉理论与农民工返乡创业的联系

推拉理论(push and pull theory)是解释人口流动原因的重要理论。雷文斯坦在《人口转移规律》一书中首次提出,促使劳动力转移的原因是被歧视和压迫以及较差的生活条件。20世纪50年代,系统的"推-拉"理论模型由博格等人提出,他们认为,农村人口向外流动既有农村推力的影响,也有城市拉力的促进。其中,农村的推力主要包括土地质量较差、农作物产量较低、农业收入下降等。城市的拉力主要有较高的经济收入和就业机会,较好的生活条件等。流出地的推力和流入地的拉力并不是固定不变的,流出地同样存在一定的拉力,如强烈的归属感、较强的血缘和地缘联结等,这些拉力在一定程度上也吸引着农村劳动力的回归。同样,流入地也存在城市生存压力的不断上升、边缘化的社会地位等推力促使农村劳动力离开城市。中国学者也运用推拉理论解释农民工回流现象。他们认为农村地区对外出农民有一定的拉动作用,而城市也产生一定的推力作用。一般来说,产生移民现象,跟移民的有利因素和不利因素有着非常大的关系,当流入地(城市)的不利因

素不断扩大,而流出地(农村)的有利因素不断扩大,城市的吸引力会不断减弱,农村的吸引力会不断增强,就会产生农民工回流现象。中间障碍主要包括距离、物质障碍、语言和文化差异以及这些因素的个人价值判断。农民工的返乡创业行为通常被认为是三个因素的结果:一是城市的推动和家乡的拉动作用;二是农民工自身的条件和价值判断;三是农民工返乡的影响。在个体、家庭、宏观社会经济环境等因素的影响下,农民工返乡创业是一个理性的选择。然而,由于在家创业的农民工在流入和流出的推拉力量交织影响的实际过程中所面临的特殊的内外部环境,从而发挥综合效应,推拉力不同,导致来自农村的农民工向城市的迁移情况。

第四节 社会流动理论

一、社会流动理论的介绍

社会流动是指社会或社会团体的成员,从一个社会阶层到另一个阶级或阶层,从某个社会地位到另一个社会地位,从一个职业到另一个职业的流动。社会学特别关注代际流动的研究,因为代际流动反映了社会变革的方向,改变了社会和家庭的职业结构。在自由流动的方向上,个体自由流动中不可能发现社会变迁的性质和趋势。结构性流动是有方向的,社会变迁的本质和方向可以在每一个结构流中找到。根据社会流动的方向、基点和原因,社会流动可分为以下三种类型。

1. 垂直流动和水平流动

垂直流动是指一个人从较低的位置和职业流向上部位置和职业的流动,或从上部位置和职业流向较低位置和职业。垂直流动也可以伴随着区域间的流动。水平流动是指人在同一社会阶层的水平流动。它主要是区域之间的流动,也包括同一地区不同工作组或组织的流动。

垂直流动对个人和社会都非常重要。如果一个时期的上升频率超过了下降频率,说明社会在进步;相反,社会是倒退的。每个人都想往上爬,不想向下移动。但是每个社会的机会分配都是不均衡的,只有具备一定条件的人才可以崛起。水平流动可以合理分配和利用自然资源、物质财富和人才资源,影响人口的区域分布和同一产业的内部结构,促进了人们的交流。

2. 代际流动

代际流动是指两代人之间的职业和社会地位的流动。具体操作是通过衡量子女的职业和父母的职业之间的异同来表现的。社会学特别关注代际流动的研究,因为代际流动改变了社会和家庭的职业结构,反映了社会变革的方向。在封闭的传统社会里,一个人注定要属于上一代人的阶级和阶层。在开放的现代社会,每一个阶级和阶层的大门都是敞开的,代际流动是不可避免的。但是世代间向上发展的机会并不等于所有人都可以获取。它受到许多个人和环境因素的影响。美国社会学家研究了影响个体职业选择的方式,即父母的职业和父母的教育水平同时影响着子女的教育和第一职业,尤其是父母的职业对子女的影响最大。子女的第一个职业和接受的教育影响着其目前的事业,尤其是他在第一职业生涯中最有影响力的事业。从这个模型来看,家庭代际流动受上一代职业和教育水平的限制,即家庭内部条件对代际流动起着限制作用,而不是由个人意愿而转移的。如果我们考虑到社会环境的变化因素,特别是现代社会的变化速度加快,就会发现有许多外力推动着社会的代际流动。

在任何社会,代际流动都是双向的,即上升和下降。对一个家庭中代际流动的调查只是一个个案,无法排除许多突发事件的影响。社会学注重对上升和下降比例的全面考察,从中发现社会变迁的规律。

3. 自由流动和结构性流动

自由流动是指个体流动,它是由于个人原因而造成的职位、职业的变化或地区的流动。自由流动对社会结构和人口分布没有显著影响。结构性流动与自由流动有关。许多人共同的流动,包括有组织的和无组织的流动,是由于自然环境和社会环境的突然变化,或者由于社会的发明和创造而产生的结构性流动。结构性流动将在短期内影响社会结构和人口分布的变化。自由流动和结构性流动在某些场合不易分割。例如,移民,有的是自由流动,有的是结构性流动。自由流动可以发生在任何时间和任何地点,而结构性流动只有当自然环境或社会剧变时才会发生。

二、社会流动理论与农民工返乡创业的联系

首先,社会流动理论强调的是分层系统,因此对社会流动性的讨论离不开社会结构;其次,社会流动是社会地位的变化过程,社会网络理论认为社会地位是一种资源,因此对社会流动性的讨论也离不开资源的配置。这种转换或转移可根据其方向性分为两种基本形式,即水平流动和垂直流动。韩长赋(2007)指出水平流动是指群体或个人在同一级的不同位置之间的横向移动,这种流动不会造成人们在社会等级序列中所处地位的改变;垂直流动是指社会分层体系中个人跨越等级界限的位置移动,根据流动的方向不同,又可进一步分为上向流动(upward mobility)和下向流动(downward mobility)。

农民工流动是我国改革开放以来形成的一种重要经济和社会现象,它在推进我国社会经济发展和加速城市化、工业化进程,在推进农村现代化建设和社会主义新农村建设中发挥了重要的作用。在农民工的社会流动中,他们不断寻求新资源的开发,发挥他们的主动性和创造性,改变原有的人力资源,力争流向高层次,直接的结果是实现他们的再社会化,提高其自身的社会化水平。第一种情况是城乡两栖的生活,只要国家政策不变、经济社会形势不变,农民工多数是两栖人口,如候鸟般往返于城市和乡村,这期间也有少数农民工发生了身份、地位上的转

变。第二种情况是一部分农民工转为正式产业工人,成为产业工人的一部分,这部分农民工从事的产业、行业比较固定,这部分人中也有人通过努力而成为国家和社会管理者阶层。第三种情况是创业,通过雇佣他人或自我雇佣,实现由农民工到创业者的转变,包括从事个体经营或创办企业(即成为个体工商户或私营企业主)或服务业等。第四种情况是反向流动,这是农民工回到农村从事一般农业生产或成为无家可归者的情况。这是一种下降趋势,不符合社会需要和发展趋势。结合社会流动的基本理论和农民工社会流动的轨迹,农民工返乡创业的社会流动学意义即是在农民工自身的社会化过程中,返乡后的他们能适应新的社会角色后,再借助一定的平台载体和现有的各种资源,将在城市务工过程中掌握的各种技术、知识、资本和经验积累融入新农村或城市建设中,或者参与地区产业发展过程中,成功实现自身的再社会化,提高自己的社会地位。这是一种向上的社会流动,而不是简单的水平流动。水平流动可以使区域自然资源、物质资本和人力资源重新配置,从而影响人口和工业区的分布;垂直流动可以促进本地区产业结构的升级和人力资源结构,提高区域经济的可持续发展潜力。农民工返乡创业是从农民工到企业家、从农民到所有者的一种上升的、显著的垂直流动。农民工向企业家的流动意味着农村投资主体的增多。农村经济的发展具有"内在动力",农村经济社会也将由"进口"向"内部"发展。对返乡农民工创业研究组的调查结果还表明,几乎所有县域经济中的个体户、私营企业家和村干部都有农民工的经历。从社会流动的角度来看,这表明在中国农民工社会流动的性质已经从原来的水平流动甚至向下流动逐渐转变为一个充满活力和蓬勃向上的垂直流动。马中国(2009)提出可以预计随着创业企业的到来,中国二元经济结构将进一步缓解,通过社会流动和身份变化,城镇人口会越来越多,社会结构将更加合理,"现代社会结构的橄榄型"的目标将实现。

第五节 计划行为理论

一、计划行为理论的介绍

计划行为理论是由 Icek Ajzen 提出的,是菲什拜因提出的理性行为理论的继任者。因为 Ajzen 研究发现,人的行为并不是100%自愿的,而是处在控制之下。因此,他在理性行为理论的基础上增加了"自我行为控制认知"的新概念,从而发展成为新的行为理论研究模型——计划行为理论。

二、计划行为理论与农民工创业的联系

计划行为理论可以进一步帮助我们理解农民工个体是如何作出自己的行为决策,改变自己的行为。计划行为理论也是目前社会心理学界较为流行的一种侧重于研究个体行为意愿的行为理论。计划行为理论在经济学中经济学人假设和期望理论的基础上来研究个体所作出的行为。从它的理论内容来看,主要包含了五个要素:①行为者的态度,即对某项行为自己是持肯定还是否定的观点;②行为者的主观规范,即行为者决定采取实施某项行为时,主观预测他人或群体对自己的影响以及影响程度;③行为者的知觉行为控制,即当主体对自己的目标执行行动时,预测自己的资源禀赋和过去的经验对其计划行为的帮助程度;④个体的行为意向,即个体是否愿意执行某一项行为,反映的是个体对该行为是否愿意执行的主观判定;⑤行为,即行为者在实际中实施的行为。在该理论中,研究者们通常以个体的行为意向为研究变量,而以态度、主观规范、知觉行为控制这几方面来测度其对行为意向的影响。根据 Ajzen 升华后的计划行为理论,我们可以通过将计划行为理论引入创业意愿的研究领域中,提出个体人力资本、社会资本、心理资本因素(包

括教育水平、健康、朋友数量、乐观等)以及农民工个体对创业的态度、主观规范及知觉行为控制,来研究影响农民工创业意向的因素,进而影响创业行为。

第六节 劳动力转移理论

国外专家从不同的角度研究了农村剩余劳动力转移的理论,主要的代表有刘易斯模型、拉尼斯-费模型和哈里斯-托达罗模型。

一、刘易斯模型

刘易斯分析和提出了发展中国家存在着一种二元经济结构,即城市比较发达的现代工业部门和农村传统的自给自足的农业部门。在传统农业部门,由于缺乏资本投入,人口持续增长,使劳动力过剩,形成了不充分就业和隐蔽性失业的状态,劳动力的边际生产率接近于零甚至小于零。而在现代工业部门中,随着生产发展和资本积累的不断扩大,规模日益扩大,且扩大的速度超过了城市人口增长的速度,劳动力的边际生产率逐步提高。因而在允许农业部门劳动力可以自由流动的前提下,农业部门劳动力会不断地向工业部门转移,这就是刘易斯的"劳动力无限供给下的经济发展模式"。

二、拉尼斯-费模型

费景汉和拉尼斯在1964年将农业部门劳动力向城镇转移和经济发展联系起来,分三个阶段进行分析:①与刘易斯模型相似,农业部门劳动力的边际生产率接近为零,农业部门劳动力向工业部门转移;②农业部门劳动力边际产量为正值,低于农业部门平均产量的劳动力向工业部门转移,导致农业部门发生萎缩,农产品供给短缺;③农业部门劳动力边际生产率不小于平均工资水平,隐形失业者完全被吸纳,传统农业被完全商品化。

三、哈里斯-托达罗模型

该模型认为,农村劳动力迁移到城市进行就业与否的决定因素不仅包括城乡的实际收入差异,而且包括就业的概率,但主要取决于城乡预期收入差异,差别越大,流入城市的人就越多。托达罗认为,农村劳动力在城里待的时间越久,在城里找到工作的概率就越大,预期收入也越高。据此得出,从长期来看,城市预期收入比农村预期收入要高。因而,农村的青壮年更愿意跑到大城市找工作。

哈里斯-托达罗模型比刘易斯模型和拉尼斯-费模型更适合发展中国家的事实,该模型揭示了在城镇存在高失业率的情况下农业剩余劳动力仍向城镇转移这一现象。

第七节 创业管理理论

创业管理就是企业家在创业过程中进行战略管理和日常管理的行为,创业管理体现了创业者的创业价值观、思维方式和行为准则,是精神层面和实际操作的结合体。

创业管理不同于日常的企业管理和传统的企业管理,创业管理研究的是企业管理层的创业行为、创业价值观和创业思维,也是将企业管理层的创业精神和创新活力通过一定的形式表现出来,从而不断地增强企业的战略管理和竞争优势。创业管理的理论有很多,创业管理的观点也有不少,早在 1990 年的时候 Stvenson 和 Jarillo 就提出了创业学和战略管理的交叉,他们从创业的视角重新概括了战略管理和一般管理的框架,并将"创业"和"管理"进行融合,从而揭示了创业是战略管理的核心。随着经济全球化的推进、市场经济在各国的深入,各国专家和学者对创业管理的研究越来越深入、对创业管理的使用也越来越广泛,人力、机会、环境、风险和报酬是创业管理的基本要素,机会导向和动态性是创业管理的核心,创新活力、控制成本、勇于承担风险、团队的协作是创业管理的主要特征,各国学者和专家大多从这几个方面研究创业管理。

创业管理的核心是机会导向和动态性。传统管理重视效率和效益,传统管理通过提高效率来获得更多的效益。创业管理也注重效率和效益,但方法和策略有所不同,它更多的是通过寻找机会和利用机会来获得更多的效益。当然,在这个过程中也发挥了效率的重要性。这种寻找机会和利用机会的策略可以称为机会导向。机会导向具体地讲可以分为识别机会、利用机会和开放机会,创业者和他的创业团队就是在拥有不确定的资源的情况下,积极地识别机会,最大地利用机会,更大程度地开发机会,从而产生经济成果,获得经济效益。这种行为也注重将创业者的创意通过所有人的努力变为现实。创业的动态性也跟传统管理有着很大的区别,在传统管理的认识中,企业发展到一定程度就会"守业",而创业管理是连续不断地创业,创业没有过去式,只有进行时。从某种意义上讲,就是创业精神的连续性,创业行为的延续性,创业精神和创业行为会随着企业的发展和壮大更加凸显和强化。总之,机会是一个动态的过程,创业也是一个动态的过程。

创业管理的根本特点是创新。实际上不管是传统管理还是创业管理都非常注重创新,但是在创业管理中创新是最基本和最重要的因素,企业只有时刻保持着创新活力,才能发展、才能进步、才能壮大,也才能在激烈的市场竞争中立于不败之地。企业的创新不同于科学技术的创新,更不同于物质的发明和创造,它更多的是将已有的技术、已有的人力、已有的要素重新进行分配和组合,从而使企业紧跟时代潮流和社会前进的步伐,不断提高生产效率、扩大经营成果、增强企业效益。

企业管理的重要条件是勇于承担风险。任何企业在发展过程中都会遇到各种风险,风险有可控的风险,也有不可控的风险。所谓可控的风险是指能在企业家和创业团队掌控的范围之内,即使出现一些大的问题,也可以通过各种方式和方法及时解决,或者虽然有很大损失,但是从根本上动摇不了企业的根基,而不可控的风险是指超出了企业家和创业团队的掌控范围,这种风险既有自然风险、也有环境风险,更有人为风险,企业管理在企业的冒险行为中要发挥积极的作用,通过管理理性地控制风险和避免风险。

企业管理的基本行为是控制成本和执行方案。从某种意义上讲,一个企业如果没有大的战略执行行为,则在日常的管理中绝大多数时间是控制成本和执行既定的方案。一个企业不管发展到多大程度都要想尽各种办法控制成本,微软的比尔·盖茨虽然将自己的巨额资产用于慈善,但是在日常的企业管理中他也要想尽各种办法来控制成本;每年的"双十一"不知给马云带来了多少收入,但是马云一再强调要有效控制成本。控制成本要有一套完善的制度,并矢志不移地去执行,不管遇到多大的波折,都要坚决执行,认真执行。

创业管理的永续动力是团队力量。创业不是一个人在战斗,创业靠的是大家的协作和共同的智慧。只有发挥全体管理者,甚至全体员工的积极作用,企业才能进步,并获得永续的发展。因而,对创业型企业来讲,优秀人才永远是企业活力和企业创新的基本要素。当前农民工返乡创业人数越来越多,我们要立足农民工返乡的现状,研究返乡创业的背景,用创业管理的理论促进农民工积极创业,从而更好地带动农村经济发展,建设社会主义新农村。

第八节 本 章 小 结

本章前七节介绍了当前最主要的几种创业理论,这些理论研究的切入点各不相同,所运用的研究方法也不一样。通过对这些理论进行梳理、总结,我们可以得出以下结论。

一、农民工返乡创业是社会发展的必然产物

第一,受金融危机的影响,大量企业纷纷倒闭,特别是电子、纺织、服装等劳动密集型企业受到了巨大的冲击,而这是农民工最集中的行业。企业的不景气导致用工量的减少,农民工的就业渠道也变得狭窄。第二,近年来的企业改革和经济结构调整,使城市下岗职工迅速增加,城市就业形势日趋严峻。为了解决下岗职工的再就业问题,部分城市实施"再就业"工程。为了保护本地劳动力就业,对外来劳动力的就业设置"壁垒",这进一步增加了农民工的就业难度。第三,由于产业结构和技术结构的调整升级,导致沿海地区劳动密集型产业、人力资源依赖大的外资企业逐步选择向经济条件比较落后、人力成本更加低廉的越南、柬埔寨、马来西亚等国家转移,而对人力资源依赖较强的企业如纺织、电子、服装等都逐渐转移到劳动力成本相对较低的内陆地区。沿海地区产业升级使对劳动力素质的要求越来越高。大多数农民工文化素质低,缺乏相关技能,只能从事一些低层次产业的工作。第四,高校连连扩招,大学毕业生人数的增加也加剧了农民工就业的压力,促使农民工返乡。

二、农民工返乡创业的研究核心是人

对农民工返乡创业的研究我们往往集中在社会环境、经济环境、文化环境、国家政策等方面,其实最终都要围绕返乡农民工这个特殊群体来进行。返乡农民工是一个与农民工分离又有联系的群体。虽然他们来自农村,但是由于他们有过城市工作的经历。他们在思想观念、知识水平、劳动技能、资本存量、市场意识、竞争力和创业意识等方面与传统农民有着显著的差异。正如马斯洛需求层次理论提到的那样,我们必须尊重人性的基本需求,然后再在这个基础上利用各种有力的措施进行引导,让其朝着有利的方向发展。

第四章 国内农民工创业相关政策阐述

第一节 国家相关农民工创业政策阐述

农民工创业是达到以创业带就业、拓宽农村劳动力转移道路、促进农村收入增加等目的的重要方法。政府部门提出并颁布了多项激励以及扶持农民工参与并进行创业的相关政策,以期促进农民工的创业活动以及提高实现成功创业的概率。地方各级政府也紧跟步伐,制定并颁布了大量对农民工创业的扶持政策,主要包括金融行业政策、农民工创业培训服务政策、农民工创业宣传措施等。

农民工创业扶持政策目的在于促进农民工的创业活动以及提高成功创业的概率。创业活动与创业政策存在着密不可分的关系。因此,农民工创业政策所发生的变化相应地也会体现出农民工创业活动所发生的变化以及趋势。农民工创业政策的发展历史主要经过了五个阶段。

一、第一阶段(20世纪90年代中期至2000年)

第一阶段,农民工返乡创业概念开始出现,与此有关的扶持政策还没有开始具体研究与落实。20世纪80年代以后,农民工出现大规模的跨区流动,也就是我们所说的"民工潮",这一现象受到了中国政府和学界的广泛关注。时间跨越到 90 年代中期,继"民工潮"之后,又出现了农民工返乡创业这一创业潮流。众多学者从 1997 年开始,对农民工回流的问题进行了长达四年的重点研究,研究表明:农民工出现回流现象最主要的原因是农民工在以北上广为首的众多外省城市就业十分困难,且返乡的农民工中以返乡投资为目的的在总体人数中的比例仅为 2.5%,农民工返乡创业的概率很低。因此,90 年代中期农民工的主要问题仍然是农民工的就业问题,政府关心的是要用什么方法以及政策来安置农村剩余劳动力,而鼓励返乡农民工进行创业活动只是作为一种新兴的就业方式供农民工选择。

二、第二阶段(2001—2007 年)

这一阶段,农民工进行返乡创业活动的积极性大大增强,选择返乡创业的农民工的数量也在逐渐上升。中央政府也将注意力转移到了农民工返乡创业政策上,但地方政府却在将农民工返乡政策落到实处上缺少实施能力。21 世纪以来,随着在深圳、珠海等沿海城市的劳动密集型产业转向中西部落后地区的脚步加快,再加上中西部地区城市的城市建设情况不断改善,农民工返乡创业的积极性也逐渐增加,这有利于中西部地区实现城镇化、工业化的目标。农民工返乡创业逐渐成为推动中西部地区城镇化、工业化的重要方法。2007 年,国务院发展研究中心针对农民工返乡创业现象所进行的"百县调查"结果表明,农民工返乡创业的脚步越来越快,农村与城市中的劳动力输出与输入逐步转变为双向流动的状态。根据该计划得到的数据可以看出,直至 2006 年,301 个数据样本村中返乡创业的农民工在总的农民工数量中的比例为 23%,而返乡创业的农民工在总的返乡农民工数量中的比例为 8.3%;在 3 026 名返乡农民工创业者中,在 1990 年之前进行返乡创业活动的占比为 4%,1990—1999 年之间返乡创业的农民工占比为 30.6%,在

2000年以后返乡创业的农民工占比为65.4%。出现这种农民工明显回流的现象引起了中央政府的关心,在2007年的中央一号文件中首次提出"实施各类扶持政策,大力鼓舞外出务工农民将技术、资金带回家乡进行返乡创业,努力成为现代农业建设事业的领头羊"。然而,各级地方政府没有对农民工回流这种现象和中央政府产生一致的关注,仅仅把大量农民工返乡创业的现象当作是农民工创业的"小打小闹",从而在针对农民工返乡创业扶持政策的出台与制定上缺少实施动力,一些地方政府甚至只是将针对招商引资或扶持城镇再就业所制定的政府扶持政策延展至农民工返乡创业方面,没有真正地针对农民工返乡创业制定出合适的扶持政策,因而政策缺少针对性和可实施性。

三、第三阶段(2008—2012年)

2008年的全球金融危机给各行各业在就业上带来的压力,致使中央政府和各级地方政府将创业带动就业作为重要实施手段。2008年之后的后金融危机时代农民工返乡创业的扶持政策逐渐成为农民工扶持政策中不可缺少的一个重要部分。2008年,农民工外出务工活动因为爆发的国际性金融危机产生了严重的影响,因而也推动了大批农民工返乡创业的"返乡潮"。根据有关部门的统计,2008年因为金融危机导致的经济不景气现象而失去工作或无法找到工作最终返乡务工的农民工大约有2 000万人,占2008年外出务工农民工总数的15.3%。在金融危机的影响下,农民工就业形势十分严峻,中央到地方各级政府都针对农民工就业的严峻形势制定并出台了一系列相关政策来帮助农民工解决就业的难题。在这些扶持政策中,"自主创业带动就业"是最重要的组成部分。在2008年9月,国务院办公厅颁布了由人力资源和社会保障部等11部联合制定的《关于促进以创业带动就业工作的指导意见》,该意见针对扶持农民工创业活动提出:"要引导以及扶持高校毕业生、失业人员和返乡农民工进行创业活动。"2008年12月,国务院办公厅又针对就业问题专门下发了《关于切实做好当前农民工工作的通知》，在这项文件中，"尽全力引导以及扶持农民工进行返乡创业活动"被作为六大方面措施之一提出，针对降低农民工返乡创业的门槛条件、为农民工创业开出"绿色通道"和为农民工创业提供融资服务等扶持方式提出了比较具体的实施措施。因为政府针对农民工返乡创业在各地实施的扶持政策得到了农民工的积极响应并且取得了较好的成果，因此在2008年及以后的后金融危机阶段中，中央一号文件被作为重要的扶持政策在各项涉及农民工以及农民工创业的相关政策中列示。中央政府以及各级地方政府对农民工创业也越来越重视，各级地方政府针对地方实际情况进一步研究制定出了一系列政策来为农民工返乡创业或者就近创业提供相应的支持条件。

四、第四阶段(2013—2015年)

新型城镇化的发展为农民工创业带来了巨大市场机遇，因此如何快速制定出更加完善的农民工创业政策成为政府加快新型城镇化发展速度所要关注的重点。在党的十八届三中全会召开之后，中央政府明确表明了主要的执政思想。在这之中，新型城镇化必然成为重要的发展战略之一，政府提出并强调城乡发展一体化要求，并且努力构建城乡结合、城市带动农村发展、工业农业互惠互利、以创业带动就业的城乡发展关系。在新型城镇化过程中，农民工将如何转化为市民，即全面实现"人的城镇化"，成为政府推动新型城镇化实现的关键问题。与以往城镇化过程中由农村向城市进行单方面转移的情况不同，新型城镇化的主要内容是实现城乡的互动性，服务于城市的产业以及公共服务设施将会成为农村以及城镇的工作重点，而这将为农民工返乡创业以及就近创业提供大量的市场机会。在此基础上如果加上政府的正确以及有效的引导措施，将会形成新的城镇生产聚集产业，从而实现推动新型城镇化发展的目的。所以，在新型城镇化发展的大环境下，中央及地方各级政府除了需要在户籍、社保等相关方面加以完善外,推动农民工创业政策的出台以及实施也是政府的工作重点之一。

五、第五阶段(2016年至今)

2016年开始,鼓励和推动农民工创业成为政府工作的重点,但是各省对农民工创业的政策及做法却不一样,现逐一进行介绍。

1. 山东省

为了加强对农民工创业的政策扶持,解决农民工在创业初期出现的资金困难等障碍,山东省政府出台相关扶持政策。

(1)下调贷款限制条件以及贷款抵(质)押条件,创业农民工所拥有的房屋产权、土地使用权、机器设备、大件耐用消费品和有价证券以及注册商标、发明专利等均可作为抵(质)押物。

(2)农民工返乡之后建立的公司招聘已在政府登记的失业人员并与其签订一年以上劳动合同的,可根据所提供的岗位书发放岗位补贴,甚至可以为首次取得营业执照且正常经营一年以上的企业进行一次性的补助。山东省政府以及相关公共就业服务部门也会建设招聘、档案寄存、社保费用代收代缴等多项公益性服务,以达到促进创业的目的。

2. 江苏省

江苏省政府对全省各地政府提出以下要求:①制定并出台相关措施推动引导农民工进行正确的返乡创业活动,支持并且大力鼓励各级服务机构以及培训机构开展举办各类法律法规、经营管理、科学技术等多个方面的服务培训课程,以提高农民工返乡创业的经营和管理能力。各地方政府也可以为参加各类培训的返乡创业者提高相应的补贴,吸引更多的返乡创业者参与活动。②主动为创业者提供与创业相关的经营管理、贷款申请、政策咨询等相关信息。③积极研究制定农民工创业贷款担保机制,为外出务工人员在返乡创业的过程中提供更加方便的贷款融资政策。④努力规范对创业者的收费行为,并且对与创业相关的审批和收费项目进行更严格的清理和规范行为,针对不合理的项目及要求做到坚决予以摒弃。

3. 河南省

(1) 审批阶段扶持政策。为返乡创业农民工开辟创业"绿色通道"。除了国家法律法规明令禁止和限制的行业或领域外,返乡创业的农民工均可自由进入并进行创业活动,而各级地方政府和创业相关部门不得擅自设置任何针对创业活动的限制条件。建议返乡创业农民工参与国有企业改组、改制以及公共服务设备、基础设施建设、公益性服务项目等。努力将工商登记所要求的门槛降低,同意返乡创业农民工的家庭住所、出租用房、临时用房在符合消防安全要求的前提下作为创业商业用房。与此同时,政府应推行各部门联合审批、一站式便捷服务等便民、利民的服务制度,积极简化部门审批过程,努力为农民工返乡创业开通"绿色服务通道"。

(2) 资金扶持政策。积极推行贷款贴息政策。针对符合农业产业化贴息政策条件的农民工所建立的生产企业,政府可以提供降息贴息等便民、利民的服务,优先为农民工创业提供相关补贴。而在经济发展落后的贫困地区创业的农民企业在符合贷款贴息条件的情况下,优先对农民工创办的企业提供扶贫贷款贴息帮助。在此条件下,农村金融服务机构也要努力推动农村信用工程建设工作,努力扩展农村用户小额信贷和联保贷款的覆盖范围,同时将小额贷款的担保条件降低,为农民申请小额贷款提供更加方便的环境,吸引更多返乡创业农民工申请小额贷款,并为申请小额贷款的返乡创业农民工提供扶持期内的贴息补偿。

(3) 待遇方面扶持政策。在返乡创业的农民工进行登记注册后,政府将为他们提供长达三年的扶持期,在扶持期内参照已颁布的就业及再就业政策所作出的规定实行税费和小额担保贷款扶持政策。对从事个体经营的创业农民工,将增值税的起征点作出适当的提高,而对于不征收增值税的返乡创业农民工将不再另外征收个人所得税。对于符合相关要求的返乡创业农民工,应该按照国家以及当地地区扶持中小企业、非公有制经济、服务行业、高新技术产业、农产品及加工业,为其提供相应的各方面优惠扶持政策。

(4) 场地扶持政策。允许返乡创业农民工将集体建设用地作为创业用地。鼓励并支持返乡创业者将城市闲置用地、厂房、村镇边角废弃地、废弃中小学、荒废地区作为创业用地加以利用,并作出正确的指导作用。政府以建设农民工返乡创业基地,以及推动创业园区、商业中心、商业街等创业中心的建设为手段,努力解决农民工返乡创业的创业场所问题。积极推动相关商业开发区、工业建设区和中小企业创业区的建设,为返乡创业的农民工提供更多的支持政策,大力引导返乡创业者集中基地以及聚集区域的发展与建设。返乡创业农民工在符合消防安全、环保条件的前提下,可以将集体建设用地作为创业用地。

(5) 为创业者提供信息和技术服务支持。河南省各级政府以及相关部门尤其是县、乡(镇)政府主动为返乡创业的农民工提供公共服务支持政策,在政府所创立的信息平台,发布政府有关行政审批、核准、备案以及办事指南的各类信息,使农民工能够更加便捷、高效地得到政府的信息服务。政府主要以当地的科研机构以及高等院校为技术依托,使农民工创业者能够与行业相关专家、科研人员以及技术人员保持经常性的联系,为返乡创业农民工提供相应的技术服务与支持政策。

(6) 为创业者提供免费创业培训服务。各地政府为返乡创业的农民工提供免费的创业培训服务,以现有的服务机构为依托,为返乡创业农民工建立农民工创业指导中心,为返乡创业农民工提供更加专业的指导服务,为创业者提供免费的创业项目信息、开业指导服务、小额贷款、相关创业政策等服务,以期提高创业者的经营管理能力和创业水平。并且将具备资金、技术、管理才能的返乡创业农民工聚集起来邀请到省内外重点、龙头大型企业学习和锻炼,以实现扩展创业者创业思路的目的。

4. 安徽省

为了对返乡创业农民进行鼓励与支持,安徽省各级财政相关部门建立专项补助项目,为返乡创业农民工提供专项补助资金。与此同时,返乡创业农民工的相关税收费用也将得到减免优惠。而返乡创业农民工所创办的服务型企业及公司(除广告、典当、桑拿、按摩、房产中介等行业),达到吸引更多下岗失业人员以及农村剩余劳动力的目的。在此基础上与下岗失业人员以及农村剩余劳动力签订一年以上劳务合同,政府将以所吸纳的下岗失业人员和农村剩余劳动力人数定额定量为依据减少企业应缴的所得税、城市维护建设税、教育费附加等税费。外出务工人员返乡创业从事相关产业,在符合相关条件的前提下也可以按规定享受外商投资优惠政策。

第二节 各地农民工返乡创业相关政策阐述

一、贵州省

随着农民工返乡创业率逐年增长,贵州省政府意识到农民工返乡创业对农村经济发展的积极影响作用,为实现以创业带动就业,鼓励农民工将返乡创业的意愿付诸实际行动,各级政府努力为返乡创业农民工提供良好的创业环境:①增加对返乡创业的资金支持力度。由于农民工返乡创业在资金方面容易出现资金短缺的问题,因此政府鼓励金融服务及信贷机构在政策以及机构自身条件允许的前提下,为返乡创业农民工尽可能提供创业资金方面的支持与帮助。与此同时,各级地方政府也要根据当地及地方政府自身条件为农民工创业企业减免部分税费。②为返乡创业农民工提供专业便捷的市场信息咨询帮助服务,以便返乡创业的农民工能够更好更快地咨询了解最新的创业政策以及市场背景环境。这样可以帮助返乡创业农民工更加便捷科学地对行业发展前景进行估计和预测,提高农民工返乡创业成功的概率。③为返乡创业农民工提供创业培训服务。相关部门在鼓舞农民工自学创业需要的基本技能的同时,努力为返乡创业的农民工开展各类相关的培训服务,以提高农民工创业技能。

二、山东省

为了推动返乡创业农民工创业环境的改善与进步,山东省各级政府研究并出台了一系列相关政策及措施,其中关于创业资金的相关问题,各级政府出台并明确了一系列政策。对于返乡创业农民工来说,创业者房屋产权、土地使用权等产权均可作为抵押、质押物。除此之外,针对返乡创业的农民工,城镇及农村金融及借贷服务机构需要在符合自身条件的前提下拓展返乡创业农民工小额贷款和信贷的覆盖范围,进一步将贷款的限制条件减少,将贷款抵押以及质押条件进一步降低,而返乡创业农民工的房屋产权、土地使用权、大型机械设备、股票、有价证券以及企业注册商标、发明专利等无形资产均可作为抵押或质押品。山东省政府还明确作出规定,农民工返乡创办的企业吸纳已在政府登记的失业人员并与其签订一年以上劳动合同的,可根据所提供的岗位书发放岗位补贴,甚至可以对首次取得营业执照且正常经营一年以上的成功企业进行一次性的补助。山东省各级公共就业服务机构也将为返乡创业者提供招工服务、档案管理服务、社会保险代收等便民服务。

三、广西壮族自治区

返乡创业农民工数量的增加使广西壮族自治区迎来了新的经济增长机会。现阶段广西壮族自治区已经进入劳务输出和返乡创业并重的新时代。在2010年广西壮族自治区将10亿元资金作为农民工返乡创业的专项资金。与此同时,自治区政府也出台了一系列相关扶持政策,以此来推动农民工返乡创业活动。为了鼓励在农产品行业作中介服务的季节性农民在政府进行工商登记,自治区政府决定对农民的各项工商登记予以免费,并将申办经济执业人员的备案手续免除,为农民返乡创业提供一个更加方便快捷的环境。为了帮助初次参与创业的返乡农民工,对其在工商、税务、消防、卫生等部门进行登记注册时所产生的注册性费用提供全额性补助。对于返乡进行规模性种植、养殖的创业农民工,初次成功、具备营业执照、正常营业半年以上的,政府相关部门将给予一次性补助。返乡创业农民工进行农田水利、村镇道路、植树造林等一系列社会基础公共建设的,政府将会每天提供工资性的补助扶持。在2012年12月31日以前,返乡创业的农民工选择从事个体性事业经营的,达不到税收起征点的将免除城市维护建设税、教育费附加等费用。以代养殖动物、代种植物、林木养护、病虫除害防治、树木保温为工作的返乡农民工所取得的收入,免征城市维护建设税、教育费附加等费用。返乡创业农民工将自用的房产和土地作为商业用地开展生产经营活动的,在符合税务等相关机构的条件前提下,可以对房产税和城镇土地使用税进行免除。而返乡创业的农民工所得到的政府提供的初次创业补助资金可以免征个人所得税。水库移民以及被征地农民也可享受上述补助政策。

2014年6月,广西壮族自治区制定并出台了《关于创新和加强农民工工作的若干意见》,针对当地耕地比较少的情况,明确了相关的土地扶持政策来推动农民工返乡创业的积极性:政府将大力鼓励和支持农民工创业园的建设,为保障创业园的建设项目,政府将努力建立专项的要求指标;通过城乡建设用地增减挂钩,将农村的集体住宅地和建设用地进行安顿整治以及复垦,将这些限制用地建设为农耕地,所建立的建设用地相关指标,将会先使用在农副产品加工相关项目的建设上;使用荒山、荒滩、荒沟等废弃用地进行与农副产品加工项目相关创业的返乡农民工,保障其用地指标;将未开发利用的土地作为农副产品加工项目用地,与此同时土地的前期开发由创业者自己独立进行,土地的出让金最低标准可依照不同的实际情况按《全国工业用地出让最低标准》的10%～50%进行交易;对于农民工租赁产业聚集园区的房屋进行第二、第三产业创业或者租赁农村集体土地发展养殖业的创业农民工进行鼓励和支持;同时鼓励农民工以租赁、入股、合作经营等多种方式,利用农村集体建设用地推动旅游业、服务业或者加工业的发展;对通过租赁流转等方式得到农村集体建设用地土地经营权来发展种植、养殖业的,在不改变其农业用地的性质和用途的前提下,可以按照政府对农业用地的相关规定政策免予收取相关费用。

四、安徽省

随着返乡创业农民工数量的逐渐增加,自2008年起,作为农民工大省的安徽省,在全省大力建设针对农民工的创业园区,并不断扩大创业园区的建设数量。政府将创业园区打造成农民工创业活动的"孵化园",将创业园区建设在乡镇地区,使农民工可以更加方便地在家门口进行创业活动。创业企业可以在创业园区内入驻三年,三年之后要从创业园区内搬离。除此之外,政府将为搬入创业园区的企业提供土地、厂房等前期所需要的基础建设设施,创业农民工只要在进驻园区时携带所需要的生产设备以及物资,这些政策可以在农民工创业初期有效地帮助创业者突破在资金方面的瓶颈。与此同时,政府以及创业园区也为农民工创业者提供了许多创业优惠政策。在帮助返乡创业农民工实现创业理想的过程中,政府以及创业园区除为创业者提供政策支持、财政补贴外,还在各个相关方面主动发挥政府及创业园区自身的协调与服务作用,为创业者提供各类免费的培训课程、组织各类专业专家作为专业指导团,以及提供贴身跟踪服务、招聘会服务等,为创业企业招聘各类人才。然而,现在农民工创业园处于建设初期,仍然有很多发展问题需要研究和解决,同时在初期的三年"孵化期"期满之后,政府要如何制定政策来对农民工创业企业提供相应的帮助也有待研究。

五、江西省

自 2008 年 12 月以来,江西省各级政府以及相关部门在农民工返乡创业期间先后制定和出台了大量与创业相关的扶持政策,政府将为农民工返乡创业提供有力的政策保障。在各级政府及相关部门的扶持帮助下,2010 年的上半年,江西省的中小企业、个体工商户、农民工返乡创业的数量不断增长,并带来了江西省的创业潮。在这段时期中,江西省的就业人员增加数万人,江西省的返乡农民工中大多数已经实现了就业或者创业的理想。江西省各级政府以及相关部门所提供的创业扶持政策主要有:组织培训活动,由省财政从各级就业资金中划拨相应的资金用于创业园为创业企业提供免费的服务培训以及创业技能培训。江西省农村致富技术函授大学为返乡创业农民工创办了培训总动员活动,各个农村致富技术函授大学分校也为农民工返乡创业培训模式不断地作出研究与创新,努力为返乡创业农民工提供培训,提高农民工的学习能力,使其更加深刻地理解实用技术并加以利用。江西省农村致富技术函授大学根据返乡创业民工的根本需求以及当地实际经济情况,开展"121"工程,目前已经在吉安、湖口、宜黄等十几个城镇、县区开办了许多培训课程,并且培训了许多学员,在其中已经出现了返乡创业成功的学员。江西省各级政府及相关部门也为返乡创业农民工制定出各类扶持政策。

(一)金融政策

农民工返乡创业中出现的主要问题之一就是资金问题。江西省委、省政府大力响应国家农民工返乡创业政策,支持返乡农民工以创业带动就业,以此来刺激经济的发展。与此同时,江西省联社也开始研究并制定出一系列农民工返乡创业的扶持措施,为返乡创业农民工提供更加便捷、优惠的资金政策。一是提升小额贷款的各类品牌,放宽小额贷款的限制条件以及门槛,为返乡创业农民工提供更加方便、高效的贷款政策支持。江西省各级政府以及相关部门努力提升小额农贷方面的建设,为返乡创业农民工小额资金贷款方面的问题提供帮助,以创业带动就业,实现一人创业带动多人就业的目的。在省内多个市区建设大型返乡创业聚集园区,在此基础上加大对返乡创业农民工担保贷款的扶持力度,为返乡创业农民工提供更加有利的信贷服务。同时将注意力放在针对农民工返乡创业的"十百千万"工程上,对返乡创业农民工提供更多的扶持帮助。二是加大对农民工信贷的扶持力度。按季度对区域内符合贷款条件的中小企业授信,针对"四有三不"(有合同、有市场、有效益、有信誉;不是高污染、不是高能耗、不是高危产业)的企业作出全面支持工作,以此来保障中小企业贷款增幅,使其增长幅度不低于贷款的平均增长幅度。对于返乡农民工中自寻职位以及进行创业的农民工可以得到来自金融机构万元以内的贷款担保;对于合伙企业、组织可以得到贷款机构万元以上的贷款担保;微小利润的项目可以由政府提供全额贴息补助,对于为返乡农民工等人员提供岗位达到政府所规定比例的可以得到信贷机构万元以内的担保贷款以及利息扶持补贴。三是为从事规模化种植、养殖、加工的产业提供更加有利的信贷扶持帮助,以此来推动农业产业化发展。加强各级政府、党政部门、各类公共服务组织、合作社等组织的合作力度,将信用贷款各级机构打造成一个共同的贷款体系,将各个相关部门以及利益相关者打造成一个共同组织。这样做一方面可以将各相关组织结成利益共享、风险共担的统一体系;另一方面可以建造出新型信贷模式和风险分散机制,以此来解决返乡创业农民工的资金困难。四是开发各种高效的抵押、质押贷款方法,以此促进资源开发。

(二) 税收优惠政策

一是为返乡创业农民工提供一系列免费培训,对在创业园区或基地进行创业活动的企业在满足政府规定的前提下可以减免税费,自企业成立之日起,一年内房租以及水电费可以减半,三年内免交物业管理、卫生费等相关费用。二是给予开办小型企业的返乡创业农民工税费优惠的补助措施。农民工所开办的小型企业需缴纳房产税及城镇土地使用税的,政府将会提供税收减半的优惠政策,并且由县级地税部门进行审批手续。为了实现将地税职能最大化的目的,原江西省地税局制定并颁布了《支持返乡农民工创业就业的税收优惠政策和服务措施》,之后又制定并出台了《关于进一步贯彻落实支持返乡农民工创业就业税收优惠政策的通知》,要求各地区政府及相关部门落实并支持返乡创业农民工创业就业的工程,努力开发提高创优服务,支持农民工返乡创业;帮助返乡创业农民工创业就业税收优惠政策落到实处;努力宣传、鼓励农民工返回家乡进行创业活动,拓宽渠道,为创业者打造一个浓厚的氛围,将针对返乡农民工所制定的返乡创业宣传政策列为全年的宣传重点,努力制定多种形式、多方位、多层次的宣传工作,确保优惠政策得到家喻户晓的效果,深入人心;着重监督效果,确保创业与就业优惠政策能够落到实处,获得成效。

(三)其他相关政策支持

一是对返回家乡参加创业活动的农民工需要缴纳的行政性费用进行减免优惠。在免除部分江西省行政事业性收费的前提下,允许返乡创业农民工暂缓一年上缴行政事业性费用,若一年缓期过后,创业者仍然有缴费困难,可以再延期一年缴纳。监督、规范好多项农业性收费项目,以期达到降低返乡创业农民工的创业成本。二是制定出规范中介机构收费行为的具体规范性政策,针对返乡创业农民工开办的小型企业以及个体工商户所要缴纳的中介费用,两年内按照以下要求收取中介费用:银行等相关部门在收取抵押贷款抵押物评估费用同样将应收费用减半而其他由政府规定价格的其他中介机构服务费用均应按照所规定的最低价格收取相关费用。三是返乡农民工所创办的公司中符合相关要求的工业企业以及个体工商户提供相应的扶持政策。工业企业聘用返乡农民工以及农村劳动力、贫困户劳动力和被征地农户农民并与其订立了一年以上劳工合同并缴纳社保费用的,可以按招聘的工人人数以及相关政策,为聘用企业提供相应的补贴。四是大力扶持返乡农民工在创业过程中从事种植、养殖行业,并为其提供技术、信息服务。大力开展助农兴粮等扶持活动,江西省的省级技术人员将一对一地为种粮面积在千亩以上的农户提供相应的技术服务以及技能培训。为从事茶厂以及为茶叶市场中的绿茶售卖窗口供应茶种、茶机在租金和费用等方面的相关优惠补助。

六、河南省

目前河南省返乡农民工已经达到了数万人,政府为了激发民众的热情,制定并且颁布了《关于认真做好农民工回乡创业工作的通知》,政府及相关部门通过将政策及限制条件放宽、将创业环境进行优化,从实际入手解决创业过程中将会出现的资金、场地、技术、人才、培训、服务等困难或问题。切实为创业者建造一个公平竞争、富有活力的环境,即完善的机制和服务体系,推动农民工返回家乡进行创业活动。第一,各村政府建立专项调查小组,村支部书记担任组长,村干部、村两委班长等成员作为小组成员,挨家挨户对外出务工人员进行走访工作,仔细进行信息记录以及调查,从而达到了解返乡农民工的年龄、职业、能力、工作夙愿等实际情况,并按照实际情况进行汇总工作。第二,各级政府及相关部门建立专项扶持资金帮助农民工进行自主创业,制定扶持农民工返乡创业贴息补助方案,将贴息补助的批准条件酌情放宽。若创业者在省内贫困区域创业,可以按照相关的补助政策及限制条件对符合条件的创业者优先进行补贴扶持。在此基础之上加快对农村信用工程的建设工作,积极扩大农户小额贷款和联保贷款的覆盖范围,降低农户进行小额贷款担保的限制条件,加大给返乡创业农民发放小额贷款的力度,在企业接受扶持的期间内由相关部门按照相关限制条件及部门规定给予返乡创业农民贴息补助。第三,返乡创业的农民工需要按照就业和再就业的相关条例以及政策进行相关注册登记。在成功注册后，政府将为返乡创业农民工提供三年的扶持期，在税费以及小额贷款担保等方面为返乡创业农民工提供各类优惠扶持政策，并且在准入条件、注册资本、工商登记、经营许可及范围等各个方面按照城镇下岗失业人员进行创业活动所享受的优惠政策执行。对于参与农林牧渔业服务项目的创业者在申请个体工商户时，可以免去管理类、登记类、证件类有关的费用以及企业所得税。第四，在创业企业的场地及培训方面，河南省政府大力倡导返乡创业者将闲置的土地、厂房、城镇边角地、废弃厂房、校舍、荒山、荒滩等地作为返乡创业的场所，从而解决农民工返乡创业的场地问题。政府及相关部门要求各地政府将返乡农民工所开办的企业招聘的农村劳动力加入"阳光工程""雨露计划""农村劳动力技能就业计划"等计划内，严格按照政府及相关部门的规定为符合条件的企业提供培训课程以及扶持补贴。

七、湖北省

2014年上半年，湖北省政府及相关部门组织调查小组，针对湖北省农民工返乡务工及创业等相关事件进行专项调查及研究。政府所组织的调查小组分别在北京、上海、温州、深圳、东莞、珠海等湖北省农民工数量较多的城市进行调查工作，并且在湖北省彭场镇、马口镇等大型企业聚集的城镇召开了"武汉城市圈工会农民工维权联盟通气会和部分大型企业、产业工会负责人座谈会"，在省内各市、州调查及分析农民工返乡务工以及创业状况，对返乡人数以及返乡原因、返乡人员自身能力、工作意愿等情况进行调查分析。在针对返乡创业农民工的培训课程方面，各级"阳光工程"办公室对返乡创业农民工培训工程制定了全方位的计划。除此之外，政府以及相关部门还为创业者提供培训，对工商部门在此之前发布的一系列返乡农民工创业鼓励政策进行有效宣传，将相关部门对返乡创业农民所承诺的服务付诸现实，以此达到提升返乡创业农民工专业技术以及经营管理能力的目的,大力倡导返乡创业农民工根据自身优势以及特点,不受大小、市场、形式、类型等条件的限制,紧跟政府的脚步,积极参与返乡创业活动。政府也根据农民工返乡创业实际情况为参与创业活动的农民工制定了一系列优惠政策:一是给予返乡创业农民工专业的窗口指导,建立信息服务平台;二是将政府农办、劳动以及社会保障局、农业局相互关联起来,打造一个信息通报制度;三是为返回家乡进行创业活动的农民工量身定做信贷产品。

第三节 本章小结

当前阶段,政府对返乡创业农民工的扶持政策主要由激励、引导、保护等多方面构成,但总体呈现出激励有余、引导不足、保护不够的现状。

一、金融、税收政策方面

一是将农民工返乡创业的信贷条件降低,并且将贷款的抵押条件及相关标准放宽,从而扩大小额贷款的覆盖面。二是针对返乡创业农民工的贴息补助政策,为返乡创业农民工提供相应的贴息补助,将贴息补助的审批条件放宽,从而达到推动农村信贷建设的目的。三是制定出相应的税收激励政策,和外资企业一样,返乡创业农民工也可以享受相应的税收优惠政策,同时也制定了与当地创业环境相适应的税收新规划。

二、社会服务方面

一是在农村地区利用科学技术人员的专业知识帮助农民工利用网络进行创业活动。在城市中则是利用网络服务技术举办各类有关创业的交流活动及会议。二是简化相关审核程序。为了使政府的行政服务更加准确、及时、有效,相关部门针对与创业相关的政府行政审核程序不断进行优化,为了达到返乡创业农民工在创业过程中的需求和目的,政府将创业要求和相关门槛降低，限制条件放宽，以此来达到推动建设以服务为目标导向的政府。三是对农民工返乡创业的产业选择提供指导，力求在返乡创业农民工进行创业活动过程中为创业者提供正确的信息和创业规划。

三、创业政策特点

一是政策的布局设计十分全面，以财政和金融方面政策为基础，重点解决农民工创业初期的资金问题和创业过程中的技术问题，达到为创业农民工提供更加全面的信息技术方面的扶持帮助的目的。二是选择的对象较为普通，行业准入门槛不高，针对大多数农民工在经济生活方面都存在困难的问题制定资金政策。三是政策的区域指向性比较明显，对中西部较落后地区依照当地政策和资源环境制定不同的扶持政策。四是政策具有针对性，现阶段新型农民工在当代城市务工及创业群体中占据较大的比例，他们有的是大学毕业生，有的是在社会中已经吸收了一些经验的务工人员，针对符合这些情况的创业人员，政府以及相关部门制定了一系列人才吸引计划。

四、政策局限性

一是为缓解当地政府及相关部门的税收负担，返乡创业农民工将成为新的税收对象。二是创业的环境条件较差，使创业农民工需要负担更多额外费用。三是创业环境中秩序混乱，缺乏规范性制度，在政府的对外招商项目中，农民工所创办的企业还是无法和外商公平竞争，并且无法享受和外商平等的权益。四是在制定政策过程中缺乏有效指导，例如在制定政策的过程中将资金问题作为首要重点，没有意识到创业信息与市场环境对创业者的重要性。五是相关政策与农民工的情况不符，虽然政府为农民工制定了多项额外扶持政策，但是在政策的实施过程中还是存在很多限制性规定。

第五章 国外移民创业政策及其启示

国外移民指的是计划在某一目的国进行定居,成为该国永久性居民或公民,或作为流动性工人、临时性外籍工人而进入该目的国的人。这些人并不出生在目的国,也非该目的国公民。根据联合国统计估算,2013年在全球大约有231 522 215名移民,占全球人口比例约为3.25%。而其中有部分人选择自主创业。因此移民创业成为创业活动中不可或缺的组成部分。根据Leo Paul Dana撰写的《移民创业研究手册》,移民人员中包括过去移居到其他国家的个人,他们的移民结果是在除本国以外的其他国家进行工作以及生活。移民人员是社会群体的一部分,他们的起源、文化都存在相同点。国际移民既包括本国延揽的世界各国优秀人才,又包括国家出于人道主义救助以及被动接受的难民和其他情况下的移民人员。而移民者指的是一群在文化和互动方式、民族背景以及移民经历等方面有共同点的人群。移民创业者指的是移民至本国以外的新的国家并且在移民国家进行创业或者创办企业的人群,其中包括自主就业以及聘用劳动力两种形式。移民创业主要指移居群体在移居国或者定居国创办企业的过程。Rath对移民创业的理解是"由外来移民所创办的企业,其目的是为了满足来自不同民族、社会以及文化背景的移民人员创业的需求"。

随着经济全球化发展速度加快,国家之间相互交流日益频繁,人口流动数量也越来越多。20世纪50年代起，由于经济、文化等原因大量移民从欠发达国家转移至发达国家。随着移民的不断增多，移民成为发达国家中重要的社会群体。在移民国定居之后，移民在语言、教育、职业技能等方面存在诸多问题，而移民定居国的劳动市场对移民还存在许多就业壁垒，例如就业歧视、种族歧视等。为了在移民国找到更好的工作机会，创造一个良好的生活环境，大量移民选择自主创业。

到目前为止，在芬兰等多个国家，移民创业的比例甚至比本国人民创业的比例还要高。移民创业作为一种解决移民就业的手段，一方面可以帮助移民就业、创造一个良好的生活环境；另一方面也是许多发达国家促进经济发展的重要手段之一。移民创业的快速发展成功引起了西方研究学者的注意，这些学者开始将移民创业现象作为研究样本，并且得到许多研究成果。这些研究成果在一定程度上也能为我国流动人口在劳动力输出地创业提供研究价值和可借鉴的经验。

第一节　相关国家移民创业政策

一、澳大利亚

澳大利亚财长莫瑞信公布了最新的《年中经济及财政展望报告》，该文件建议将移民对相关福利进行申请的时间改为三年，以此达到为政府节约13亿澳元的目的。但是，移民部门称，难民、家暴受害者、丧偶者不包括在内。目前，移民申请政府福利补助的等待时间为两年时间。财长莫瑞信表示，新措施可以在四年之内为国家节约13亿澳元。但该提案尚未通过立法。申领等待期延长的福利项目包括家庭税收福利、带薪父母产假、育儿看护津贴等。不过，澳大利亚财政部的调查数据表明，大多数人认为"弱势群体"及独力抚养下一代的国家公民可免除延长等待期。隶属于内政事务部的移民部门对"弱势群体"作出了更加详细的说明：

（1）被界定为是因为遭受迫害而来到澳大利亚，并拥有国家发放的人道主义签证的公民及其家属，同样不受延长等待期的限制，可立刻获得政府发放的福利。

（2）新来的移民者如果因"突发意外"而损失财产，并通过"艰苦测试"，也能够不受延长等待期的影响。比如，移民者的伴侣丧命或永久残疾，特别是该移民者是被其伴侣担保来到澳大利亚，或在经济上无法离开其伴侣的。

（3）受到配偶虐待或难以负担自身医疗费的移民者亦可以免受延长等待期的影响。

（4）作为技术工作者由雇主的担保申请来到澳大利亚的移民者，在失去工作的情况下，同样能够免除延长等待期。

（5）移民者在获得永久居住许可之后，若成为单亲父母，同样可以申请育儿津贴补助。

然而，延长新移民申领福利的等待期的提案却遭到澳大利亚民族社区联盟理事会、澳大利亚移民委员会等多个移民组织的指责。澳大利亚民族社区联盟理事会主席玛丽·帕泰索斯称，这是"让人更加忧虑的提案"。她说："和预算减少相比，这项提案会使一些最弱势的群体、家庭和幼小的孩子面临更加严峻的局面。"

二、韩国

2012年，韩国知识经济部向时任总统的李明博递交了部门战略报告，在报告中可以看出韩国经济的发展主要不是依靠韩国内部体系的创新。该报告指出韩国知识经济崛起并非主要依赖其内部体制创新，也无法在本质上证明韩国目前的制度以及竞争能力已经得到迅速发展。国家目前所取得的成就也许是因为亚洲国家在组织结构上存在的结构问题所产生的结果，但是该结果无法维持。造成这种局面的原因主要是因为中国、日本、印度等亚洲大国在制度改革等方面的力度远远大于韩国。与此相反的是,韩国到目前为止还没有创建一个对创新有力的环境,但是韩国当局政府对本国内部存在的缺陷置之不理。韩国的经济发展主要取决于大财团和大企业,而美国、中国这样的国家主要依靠的却是中小企业。根据2011年统计数据可以看出,韩国十大财团销售额在整个韩国GDP中所占比例接近80%,韩国著名的两大财团三星、现代的销售额则超过了整个国家GDP的三分之一。韩国的经济学家最为担心的是,为韩国大型科技企业提供资金的一些小型股东,在作出决策时面对大型财团的意见是全部认同甚至奉承的态度。但是在中国、美国等国家,小股东们针对大股东的建议都会提出质疑。所以,韩国知识经济部对韩国大财团提出质疑,最为主要的质疑是担心韩国大财团在决策上会出现重大失误。

韩国知识经济部门为韩国当局提出改善经济生态环境、促进科技创新的建议。在韩国首位女总统朴槿惠上台之后,韩国知识经济部所提出的建议备受关注。在2013年6月,韩国政府出台了《创造经济生态环境建设方案》,该政策主要服务于"为拥有先进技术的外国人颁发创业签证",其目的主要是帮助外国移民在韩国顺利地进行创业活动。韩国希望通过此方案帮助外国移民创业者在韩国能够顺利居住并且创造一个良好的创业环境,其中包括医疗、卫生、教育、居住、交通等各个环节。韩国在2017年投建一个"国际科技商业中心",以此达到引进世界各地优秀的科学技术专业人才,在本国进行自主研究的目的。为了方便移民者创业,韩国已经为许多国家提供免费签证以及落地签证优惠政策。在仁川、济州岛等经济开发地区提供更多优惠政策。而这些与签证有关的优惠政策主要面向的是有先进科学技术的移民者。按照国家规划政策要求,韩国政府致力于建设数百个经济技术开发区以及科技园区,建设知识产权特别园区,以此达到保护知识产权的目的,提高对知识产权的保护水平,增强对国外科技人才的吸引。

三、法国、意大利

法国在西方众多发达国家中是最早以及接受移民最多的国家之一。在1789年法国大革命爆发后,法国进入移民自由时期,并且建立了接受外国人融入法国文化的雅各宾模式。在1945年之后,雅各宾模式成长为共和模式,以此达到吸引外国劳动力的目的。虽然共和模式受到1973年石油危机的严重影响,但是由于时间较长,与国情较为符合,其根基较为牢固。所以,就算之后的相关法案受到政府影响逐渐减少移民数量,但是法国依旧出现了大量"非法移民身份合法化"的相关运动:1981年社会党当选执政之后,实行大赦,帮助13.2万名非法移民人员获得法国居民身份;1992年,政府及相关部门降低限制条件;1998年的"舍维内芒法"也帮助8.7万人获得法国居民身份。20世纪90年代后半期,法国接受的移民者大约为10万人每年。和法国所拥有的移民环境不同的是,20世纪80年代以前,意大利却是人口输出大国而不是人口输入大国。

第二次世界大战之后,法国在拟定新的政策时,将引进来自意大利的移民者作为首要目标。20世纪80年代之后,随着生产行业以及人口分布的变化,意大利政府及相关部门也开展了一系列活动,出台了一系列相关政策,以达到吸引国际移民者的目的。意大利政府在1986年、1990年、1995年、1998年先后实行大赦以及帮助更多的非法移民者获得合法居民身份。来自多国的移民得以进入法国和意大利,这对两国具有长远的社会及经济意义:一方面,由于法国和意大利两国都存在老龄化的情况,社会劳动力缺乏。法国在1851年成为首个老龄化国家,随后法国一直将鼓励民众生育作为政府努力的目标。在过去的四十年间,法国的每个家庭平均有2个孩子,出生率较为平稳,但是每年的人口增加额仅为80万人,无法阻止人口老龄化的加剧。2013年,法国65岁以上居民的比例是17.9%,在全世界排第16名。意大利的比例为

20.8%，在全世界的排第 4 名。意大利的人口老龄化情况更加严重，因为意大利在人口出生率低的情况下，还伴随着人口迁移的问题，因此意大利的人口长期处于负增长的状态，这使意大利的人口老龄化问题无法得以缓解。人口老龄化问题使法国和意大利两个国家不得不通过吸引移民来达到引进劳动力的目的，从而改善现在的状况。无论法国和意大利在移民问题上的看法有多么大的差距，吸引劳动力移民仍然是两国的必要手段。另一方面，外来移民可以帮助企业获得经济利益也是法国和意大利积极引进外来劳动力的原因。20 世纪 60 年代以来，由于劳动力的缺乏，法国和意大利的劳动力价格不断上涨，而市场的需求又很大，因此即使是在法国和意大利这样的发达国家，工人的工资成本依然处在一个较高的水平上。但是在高工资的基础上，工人的工作时间却很短。最终的结果是企业在高额工资和工人社会保障的双重负担下，不堪重负。为了降低工资成本，企业将招聘一些外国移民人员甚至是非法移民作为一种手段，这种方式可以帮助企业减免为雇员支付的各项社保费用，工资也在一定程度上比本国职工低，甚至能够将工作时间延长。因此，无论政策如何对外来移民进行限制，劳动市场对外来移民的需求从未减少。

四、美国

从美国建国初期，移民问题就一直是美国的社会问题之一。美国的每一届联邦政府都没有停止过对外来移民制定调控政策。1979 年，美国国会制定并出台了第一批规范外来移民的联邦法案，为各个自治州制定了一系列与入籍相关的规范性原则，虽然当时需要通过立法来遏制大量外来移民涌入的是纽约、宾夕法尼亚以及马里兰等港口城市。19 世纪 80 年代，美国国会通过会议决定将外来移民问题置于联邦政府的监控之下，决定表明联邦政府有权拒绝外国人在美国入境定居。在一年内将非法移民至美国或者合法移民至美国却需要依靠美国社会福利救济生活的移民者驱逐出境。除此之外,患有传染病的移民者也在驱逐名单之中。1917年,美国颁布的移民法案除了将上述条例进行保留,也额外增加了将16岁以上不识字的外国人驱逐出境的要求。

美国的移民结构在质量以及数量上发生巨大改变则是因为1965年出台的新法案。1965年之前其他国家允许移入的人数是以该国1920年在美国总人口中所占比例来确定。这些政策有利于更早对美国输出劳动力的国家,它们每年被美国接受的移民人数比其他国家高出许多。1998年,美国取消了移民限制条件,从此之后美国的新移民法一直在不断修改,以此来适用美国的国内需求。在最近的二十几年,美国政府和国会试图阻止外来移民非法进入美国劳动力市场,这样做的原因主要是因为非法移民不仅会影响本国劳动人民的就业,而且会使美国的犯罪率不断上升。2002年3月,美国国会起草并通过了《肯尼迪-辛普森法案》,美国的移民政策开始吸纳具有专业技术能力以及英语水平达到要求的外来移民。在这个法案中,优先批准外国具有专业技能的工人、高级工程师、职业经理人在美国移民定居。

2005年11月28日,美国签署新的移民法案将上述条例都列入法案中,并努力实施法案。这部移民法存在以下特点:①优先批准在美国有近亲的外国人的移民申请。②积极吸引外国技术型工人,以此达到解决美国由于出生人口降低所产生的劳动人口缺乏问题。将为外国专家学者以及各类专业技术人员提供的入境签证数量增加至14万。这一条例能够有效地帮助美国生产企业解决技术工人的需求问题,摆脱劳动力缺乏的困境,从而提升美国产品在市场中的竞争力。③有利于吸引外资对美国企业进行投资,为美国创造更多的就业机会。美国财政部每年为申请移居的外来人员提供1万份投资额不低于50万美元的入境签证,为他们提供两年考虑时间。④每年向文化层次高、劳动技术强的国家增发4万份签证。这些政策主要是以欧洲移民为对象。新移民法对达到在美国定居条件的外来人员发放签证的顺序如下:美国公民在国外的未婚子女；被允许在美国定居的外国人配偶以及未婚子女；符合美国紧缺型行业需求的专业技术人员以及具有特殊才能的外国人；美国公民在国外的已婚子女。以上人员都有资格优先获得美国签证，只有在这些外来人员获取移民身份之后，其他人才能获得未分配的名额。美国移民局以及规划局在对入境人员进行审批时需要和劳工部一直保持联系，并且接受劳工部的意见进行审批工作，以此减少外来劳动力对本国公民产生不利影响。美国专家在经过调查之后发现，20世纪90年代初美国经济发展过程中需要的专业人才是：熟练掌握一门或数门外语的国际会计师、管理咨询师、软件设计师、精算师、营销专家、专业护工人员、法律顾问等专家。因此，美国移民政策主要吸引的是国外"智力型"人才。

2013年，为了给创业者提供更加方便的创业环境，美国移民局提出为来美创业者提供为期两年的工作许可时间，在两年许可期满之后还可以申请续期三年。以下是申请许可条件：①EB-6要求提交创业者特殊工作许可申请的申请人的初创企业需要是近三年在美国成立的初创企业。同时，该企业还要展现出创造就业等方面的极大潜力。②EB-6要求提出创业者特殊工作许可的申请人，最低拥有该初创企业15%的股权，并且在提交申请的两年内持续拥有10%的股权以及在初创企业的两年经营期内起到至关重要的作用，创业者需要参加企业的管理工作，而不是作为单纯的投资者。除此之外，在初次申请的同时，其家庭总收入需要在联邦贫困线的400%以上，并在持有工作许可的三年时间内保持在这一水平上。③作为首次申请的初创企业需要在一年内得到美国投资者或者机构的投资，投资的最低限额为345万美元，或者是从联邦、州地区政府得到奖金，符合两者中的任意一条即可。除此之外，来自美国投资人所投资的资金需要满足移民的限制条件，不可以由创业者的亲属或者亲属控制的企业提供，从政府等相关部门所取得的奖金必须大于10万美元。这些奖金必须是政府机构以推动社会经济进步、制造更多就业岗位为目的而向美国企业提供的,如果可以满足以上的一条或两条,同时具备其他相关证据证明该初创企业具有较大的发展潜能,以及创造就业岗位的能力,政府还会给予部分补助。④初创企业在最初只有为2位创业者申请特殊工作许可的资格。而2017年特朗普上台之后提出终止签证抽签随机分发绿卡的程序,不考虑任何技能、优点或美国人民的安全的新型移民政策。

五、新西兰

在投资移民要求较高,技术移民政策收紧的大背景之下,新西兰创业移民政策独树一帜,得到了广泛关注。

新西兰创业移民政策十分重视创业者的经商管理经验。对于经商管理经验,移民局有十分严格的分数限制,根据现有的申请条件来看,即使没有打分制度,申请人仍然需要具备与经商管理相关的经验,或是与进出口行业有关的经营管理经验。如果进行打分,经商经验以及高管经验必须符合以下条件:经商经验体现为持股25%或者以上;管理者经验体现为在企业任高级管理职位;同时对企业提出要求,即至少有5个职员或者企业的营业额在100万新西兰元以上。初创企业的主要业务必须是国际贸易或者是和出口行业有关。签证发放官在对申请材料进行审批时主要考核的是申请人的商业计划书与国家的经济发展方向能否做到较好地契合。商业计划书不但是初期申请过程的关注点,而且是企业在后期经营管理时的"方向标"。可以理解为,商业计划书中所作出的承诺必须实现。创业移民政策还对创业场所的选址进行区分,在奥克兰以外地区创业的加40分,这样获得120分就更加轻松,从而达到降低创业移民难度的目的。针对当前的创业条件来看,创业场所的选址显得不是很重要。因此,大多数的创业者更加倾向于在奥克兰之外的地方进行创业活动。

新西兰移民中存在创业移民这个特殊的项目,想要在新西兰创业移民的申请者需要先取得为期三年的工作签证,在新西兰创办企业之后再转换成永久居留权从而获得签证。新西兰创业移民政策虽然对申请者创办的企业、生意种类和规模不作要求,却需要申请人制定一份详细的计划书以满足移民局的申请要求。新西兰创业移民申请条件如下。Ⅰ类创业移民:①对企业的投资额在20万新西兰元以上;②能够证明具备足够的资金作为在新西兰的生活费用(10万新西兰元即可);③为在新西兰创业制定详细的计划;④雅思成绩4分以上;⑤年龄不作规定;⑥未满24周岁的未婚工作者同样可以申请;⑦创办企业两年之后能够获取绿卡。Ⅱ类创业移民:①拥有50万新西兰元作为创业基金;②在新西兰聘用3个员工(除与创业者具有血缘关系的亲属);③与商业计划书相关的经商经验;④G类雅思4分以上;⑤年龄不作任何要求;⑥具备充足的资金维持日常开销。Ⅱ类创业移民总的投资额以及生活费用达到50万新西兰元的创业移民者能够立刻获取绿卡,这就是Ⅱ类和Ⅰ类创业移民的差异所在。

2013年,新西兰移民局的动作不少,除了将对学生签证限制条件降低,以此达到吸引海外留学生的目的,引起各界进行疯狂讨论,最首当其冲的就是对创业移民政策的改革。发放长期商务签证仅仅是新西兰建设创业移民政策的一次试水。创业移民者在取得新西兰永久居留身份前需要先取得一份长达三年时间的长期商务签证。而在此三年时间里,申请人所创办的企业经营管理情况符合相关政策条件时就可以得到新西兰的永久定居身份。在2013年12月20日下午4时起到2014年3月之间,新西兰移民局将停止长期商务签证的发放工作。取消商务签证并不表明新西兰不再接受移民者,而是从2014年3月起新西兰的长期商务签证将会被创业工作签证所替代,这样做的目的是为了引进更多能够推动新西兰经济发展、带动进出口贸易的创业移民申请者。在此政策之下,政府提出了新的要求条件,移民者需要在不包括企业运营资本的前提下拥有10万新西兰元的投资额。与此同时,若是科技类或出口类企业,并能在短期内获得高速增长与创新能力的企业,便可以取得政府特批,免去上述的投资额要求。那么,这样的政策调整,究竟反映出了移民局的哪些关注点呢?创业移民政策制定了打分制度,打分涉及经商经验、工人数、出口潜力、创新能力、固定资产投入、年龄、生意以及是否在奥克兰以外创业等方面;要求企业的投资额不得低于50万新西兰元;重新界定企业类别,统一创业移民者签证;为已经有企业家工作签证并在新西兰成功创办企业,投资50万新西兰元以上,增加了3名以上员工并且正常营业6个月以上的企业的移民者开通快速通道,直接发放移民创业签证。可见由于申请移民的人数快速增长,新西兰政府期望通过新的移民政策达到筛选优秀创业移民者的目的。

六、爱尔兰

爱尔兰素来就有"欧洲硅谷"的美名,不仅因为它囊括了 Google、IBM、Facebook 等顶尖企业,还受益于这里是成长型企业的聚集地。爱尔兰被许多人作为创业地,是因为这里出现了太多初次创业成功的案例。其中之一就是 Sales Force。十五年时间内,这个国家见证了它从以技术支撑销售的小团队发展到位列世界前茅的云计算企业。现在,Sales Force 在都柏林的 EMEA 总部就有 700 名职员。到底爱尔兰有什么魔力,能够创造出数量庞大的成功企业,被 New Relic、Hubspot、Slack、PayPal、Marketo 等 SaaS 公司称为"欧洲的故乡"?

(一)优质的资金保障体系

在其他一些国家,创业者经常面临着拥有创意而缺乏资金支持,而在爱尔兰只要创业者足够有创意,就不用为资金烦恼。Clavis Insight,创建于 2008 年的网络零售数据分析公司,以其优秀的创意为依靠,分别在 2009 年、2011 年、2013 年获得三轮融资,融资金额高达 1 000 万欧元;而在 2011 年创立的客户沟通管理公司 Intercom 更是经过 4 轮融资,获得 3 080 万美元的融资金额。

（二）顶尖薪资待遇

根据2017年的数据可知，爱尔兰每月最低薪水在欧盟中排名第二，爱尔兰被列为高薪国家；互联网技术行业的薪水吸引力最高，例如拥有一至两年工作经验的职员年薪水平在2.2万~3万欧元，首席技术官年薪最高可达到10万欧元。

（三）充沛的人才储备

成长型企业需要接受过高等教育、精通多国语言的人才，而爱尔兰培养了一支受过高等教育的人才储备团队。30~34岁的公民半数以上获得了本科毕业证，在这方面，爱尔兰较欧洲其他国家更具优势。

（四）高瞻远瞩的战略制定

一个有能力、有眼光的EMEA高管对SaaS公司的建设十分关键。而2015年《全球竞争力排行榜》表明，全世界大多数资深管理者就职于爱尔兰。从国家的角度来看，爱尔兰在战略制定能力方面也是十分突出的。2009年，爱尔兰制定了《科技行动支持智慧经济》政策，把云计算技术上升到国家战略层面，将其作为发展经济的重要因素。2012年发布云计算应用指南《SWiFT10：云计算决策支持》，为了实现灵活使用云计算的目的制定出衡量标准。因此，爱尔兰得到全球科技公司的青睐。

（五）超低税率与财政补助

爱尔兰是全世界企业所得税税率较低的国家之一，为12.5%。同时，相关部门还为企业或个人提供各类补助，其中有资金、就业、研发、培训等创业相关方面的补助，金额从1 250欧元到12 500欧元不等。近几年，随着爱尔兰的经济不断发展，政府为了创造更多的就业岗位，制定了许多方案，比如对新创建的企业可以在经营期的前三年免除税费，还有给予各类税费12.5%的补贴税，因此吸引了许多外国企业到爱尔兰创办企业，也吸引了很多企业家到爱尔兰创业。

爱尔兰创业移民的申请条件如下。

（1）对所创办的企业的要求：①成立三年以上；②近一年报税营业

额达到 500 万元人民币;③达到 20 个全职雇佣。

（2）对申请人的要求：①本科以上学历;②在所创办企业作为高级管理人员任职一年以上;③在所创办企业的组织结构中至少位于第三层以上;④对所创办企业财务工作具有审批权;⑤无犯罪记录。

七、新加坡

新加坡创业移民是通过在新加坡注册公司，获得创业准许证，再进一步申请绿卡。创业准许证又叫商业入境证，是由新加坡人力部及标新局联合审批的工作准许证。如果创业者准备在新加坡创办新的企业，就会有资格对创业准许证进行申请，从而获得在新加坡的永久居留权，实现创业移民的目的。

（一）新加坡创业移民的优势

（1）创业者可以在得到创业准许证之后再开始对企业的运营管理进行筹划。

（2）创业投资成本较低，申请创业准许证的注册资金仅为 5 万新加坡元。

（3）可控性较高，企业的注册资金由创业者自己掌握，企业可以为自己的运作作出决策。

（4）创业准许证满足相关条件之后，可以用于为家属申请家属许可证，作为家属的小孩可以直接就读公办学校。

（二）创业准许证的申请条件

（1）对在新加坡进行创业活动有意向并具备一定管理经验。

（2）准许证批准后，需在新加坡创业。

（3）新创立的企业注册期末超过 6 个月。

不被政府考虑的创业准许证项目：咖啡店、美食中心、酒吧、夜总会、卡拉 OK、酒廊、足部按摩、按摩院、中国传统医学、针灸、中药配药、职业介绍机构、风水师等。

(三)创业移民审批标准

企业在经过12~14个月经营之后,可向新加坡政府提出成为永久居民的申请。申请是否能够通过由申请者的个人情况,以及所创办的企业经营状况决定。如企业未在经济、工作岗位、税收等方面为国家作出贡献的话,永久居民的申请将很难被批准。

第二节 国外移民创业政策的主要特征

一、以提升就业率为主要目的

随着经济全球化的不断发展,世界各国开始陆续制定并出台各类移民创业政策来吸引国外企业家到本国进行创业移民,这样做的原因主要是为了提升本国公民的就业率,以创业带就业,推动国家经济的发展。事实上,由于各国的不断努力,全球经济也正在复苏,而发达国家也顺应时代潮流,通过利用本国自身完善的社会福利政策体系以及公民优越的生活环境来吸引更多优秀创业移民者。大量外国企业家所创办的企业为本国所创造的就业机会以及提供的优秀科学技术不断地引起社会以及国家的关注和重视。因此,世界各国对外来创业者发放特殊签证的趋势越来越明显,得到的民众支持也越来越多,呼声越来越高。例如美国,根据美国2015年的相关数据不难发现,在美国创立的企业大量聘用当地工人,数量高达56万人次,这些企业的销售额也高达630万美元,而在这些企业中,外籍移民所创立的企业就占了四分之一。即使这些企业为美国社会和民众创造了数量可观的就业机会和社会财富,但在创办这些企业的外籍创业者中仍然只有少数人获得了在美国定居的资格,即美国签证或者绿卡。这样的政策以及移民创业政策严重影响外籍创业者在美国的创业和投资的积极性。因此,外籍人员在美国创办的企业数量逐渐下降。而美国面临的不但是外籍创业者的流失,还有优秀的科学技术人才的流失。美国的高等教育水平在全球是众所周知的。美国的众多高校将来自全球各个国家的莘莘学子培养成各行各业中的顶尖人才。但是由于美国对外来人员签证及绿卡颁发的严格限制,这些优秀人才中很大一部分人无法在学成之后获得定居权,而选择回到自己的祖国或其他国家进行创业活动或工作。"这就是美国没有将新兴产业留下,而是将他们拱手送给竞争对手的原因。"奥巴马如是说。然而澳大利亚、新西兰、意大利、法国、韩国等全球多个国家却相继针对移民创业者推出新的移民创业政策,以此来吸引优秀的科学技术人才和优秀的企业家到本国进行创业活动,以创业带动就业,为本国创造出更多的就业岗位。

二、以优越的条件吸引移民者

移民创业者在选取移民国家时,移居国的创业政策及创业环境必定是首要的考虑因素,而目前的经济环境下,各国亟须引进更多创业移民者,以改善本国的创业和就业环境。为了实现以创业带动就业,推动本国经济的发展,各国不断优化自身创业政策以及创业工作环境,以期能够吸引更多的移民创业者,从而推动经济发展、带动就业、提高就业率。韩国政府出台了《创造经济生态环境建设方案》,该政策主要服务于"为拥有先进技术的外国人颁发创业签证",其目的主要是为了帮助外国移民在韩国顺利地进行创业活动,帮助外国移民创业者在韩国能够顺利居住并且创造一个良好的创业环境,其中包括医疗、卫生、教育、居住、交通等各个生活环节。美国财政部每年为申请移居的外来人员提供1万份投资额不低于50万美元的入境签证,为他们提供两年考虑时间。对于具有较大的发展潜能和创造就业岗位的能力的创业企业,政府将会给予部分补助。爱尔兰以其优质资金保障体系、优渥的薪资待遇、充沛的人才储备、高瞻远瞩的战略制定等优越的条件不断吸引移民创业者。新加坡创业移民企业不需要开始经营,可以在得到创业准许证之后再开始对企业的运营管理进行筹划,为创业者节省人力资源成本。以上国家的这些政策和创业环境对于吸引移民创业者都是有利的。

三、移民者的个人素质至关重要

最近几年时间里,各国进行创业移民的人数不断增加,为了适应经济全球化的变化趋势,各国制定并出台的创业政策为移民者创造了更多更全面的选择机会。移民企业家被要求具有较强的冒险精神。在创业生存阶段,跨国创业企业要与市场战略、行业环境进行互动,从而对市场机会进行感知、搜寻、评估,这些环节都需要对市场作出前瞻性的预判,只有在风险中寻得机遇,才能最终获得成功。移民企业家的冒险性更多体现在他们对市场有敏锐的嗅觉,其决策往往先于常人,虽面对风险但却占尽先机。除了冒险性、前瞻性,各国移民创业政策还对移民者作出许多要求,如:企业经营能力、语言能力等。韩国挑选拥有先进科学技术的移民者,为具有科学技术的外国人提供一系列优惠政策,其主要原因就是国家重视移民者的自身素质。美国主要吸引国外的"智力型"人才,为了给创业者提供更加方便的创业环境,美国移民局提出为在美创业者提供为期两年的工作许可时间,在两年许可期满之后还可以申请续期三年;创业者需要参加企业的管理工作,而不是作为单纯的投资者。对于经商管理经验,新西兰移民局有十分严格的分数限制,根据现有的申请条件来看,即使没有打分制度,申请人仍然需要具备与经商管理相关的经验,或是与进出口行业有关的经营管理经验。新加坡移民创业申请是否能通过是由申请者的个人情况、移民者所创办的企业经营状况所决定的。如企业在经济、工作岗位、税收等方面未对国家作出贡献的话,永久居民的申请将很难被批准。这些国家的政策无一不体现对移民者个人素质及能力的要求。

第三节　国外移民创业政策启示

一、加强高层次技术人才引进

发达国家制定技术移民政策的目的在于满足国家战略发展的需要或是劳动力市场需求。他们从需求的角度引进人才，强调引进的人才必须是该国国家战略发展需要的、劳动力市场所急需的、经济发展所需要的。澳大利亚创业移民政策规定，作为由雇主担保申请来到澳大利亚的技术工作者，在失去工作的情况下，同样能够免除延长期。韩国优先为拥有先进技术的外国人颁发创业签证，挑选拥有先进科学技术的移民者，为具有科学技术的外国人提供一系列优惠政策。美国将符合紧缺型行业需求的专业技术人员以及具有特殊才能的人员列为签证发放对象，拥有优先取得签证的资格。新西兰将对学生签证的限制条件降低，以此达到吸引海外留学生的目的。以上国家都将高层次人才及专业技术人员作为引进对象，以此来填补本国的人才空缺。在制定农民工返乡创业政策时我国各级政府也应该借鉴这一特点，加强高层次人才引进，例如拥有先进技术的农民工、拥有管理经验的农民工等，这都有利于填补当地的人才空缺，并且有利于提高农民工返乡创业的成功率，成功实现返乡创业，推动经济发展，实现以创业带动就业。

二、完善相关返乡创业制度

作为吸引高科技、高层次的优秀人才的国家重要政策，签发绿卡是西方发达国家参与人才竞争的主要手段，我国各省也应向西方各国学习，努力完善农民工返乡创业制度，努力实施并出台一系列农民工返乡创业的打分政策。例如新西兰的加分制度，新加坡对创业移民者的经商管理经验进行相关要求，这些制度对于我们建设一个更加完善的农民工返乡创业制度都有借鉴经验。

三、设立专门的监管机构

为了管理外籍人员移民与办理定居本国的相关手续,美国专门建立了美国公民与移民局。我国各省在这一方面也应该向美国学习,设立专门的监管机构,加强对返乡创业相关实务的监督管理。与返乡创业相关的政府部门有民政局、工商局、乡政府、城镇居委会等。除此之外,教育局、税务部门等组织都将在自己的领域为返乡创业农民工提供帮助。各省应该设立专门的监管机构,如建立农民返乡创业基地,以此灵活监督管理返乡创业农民工,从而加强对返乡创业农民工在本省创业过程的监管力度。

四、积极引进具有经商管理经验的返乡创业者

大多数国家对于经商管理经验都有十分严格的要求,如新西兰和新加坡。丰富的经商管理经验可以帮助创业者更加有效地实现创业目标,降低创业风险,趋利避害,提高创业成功率,推动国家经济发展。因此各级政府在制定返乡创业政策时也应该学习这一政策,大力扶持具有经营管理经验的返乡创业农民工,为他们提供更多福利,以此达到吸引更有经验的农民工返乡创业。

五、打造舒适的返乡创业环境

为移民创业者建造一个舒适的创业环境,有利于培养潜在移民者。各国在制定移民创业政策时都将本国的创业环境作为吸引移民创业者的重要因素,致力于为移民创业者打造更加舒适的创业环境,如韩国和爱尔兰。我国各省在制定返乡创业政策时也应学习这一做法,从各个不同方面为返乡创业的农民工打造一个舒适的创业环境,吸引更多农民工返乡创业。

第四节 本章小结

随着经济全球化的不断发展,国家之间的移民活动日趋频繁,移民创业逐渐成为推动许多西方发达国家社会经济发展的重要影响因素。从20世纪50年代开始,欠发达国家的人民由于经济等原因大量涌入发达国家。随着移民数量的不断增加,在很多发达国家,移民者已经成为十分重要的一个社会群体。移民者在移居国生活的过程中,在语言、受教育、掌握职业技能等多个方面都存在劣势,并且还会承受移居国在一定程度上的就业壁垒(如就业歧视)。为了摆脱贫困、更好地生存,许多移民者选择创业环境更加优越的国家进行创业。随着移民创业的蓬勃发展,各国不断改进移民创业政策,争取吸引更多的移民创业者。

当前阶段世界各国的移民创业政策十分多样,可总结如下:①提供各类补贴;②提供免费签证;③建设经济园区;④吸引高层次人才;⑤吸纳具有管理经验的人才。

国外移民创业政策为我国制定农民工返乡创业政策提供了大量的借鉴经验。具体启示如下:①加强高层次技术人才引进;②完善相关返乡创业制度;③设立专门的监管机构;④积极引进具有经商管理经验的返乡创业者;⑤打造舒适的返乡创业环境。

第六章 赣南等原中央苏区农民工返乡创业的现状及面临的问题

第一节 赣南等原中央苏区农民工返乡创业的现状

一、赣南等原中央苏区农民工返乡创业相关数据

赣南等原中央苏区(以下简称赣南等原苏区)大多处于中国南部,属于亚热带季风气候,因此水热资源极为丰富,地形多数以山地丘陵为主,相比之下耕地范围较小,所以人均耕地占有量也极低。赣南等原苏区地理位置比较优越,处于赣江的上游部分,东面靠近福建,南面可达广东,西面接近湖南,是内地与东南沿海区域连接的重要通道。

由于气候比较适合农业的发展,因此赣南等原苏区的传统农产业发展态势较为良好,但依旧处于比较松散的小农产业发展阶段,多数家庭的主要劳动力纷纷外出沿海区域务工,家中的老人、孩子等则留在农村继续发展农业。这种状况能够吸引很多就业人口,但是也有许多不足之处会对农业的现代化升级造成不良影响。与此同时,赣南等原苏区林业果业相关的产业资源一直都比较丰富,作为中国重点开发的林业区,商品林的用地面积达到了300万公顷,活立木的蓄积量超过1亿立

方米,毛竹林的总蓄积量超过3亿株,森林的覆盖比率超过76%,林业资源位居全省第一。果业方面,赣南等原苏区当前主要的果业作物有脐橙、沙田柚等,油茶的茶园面积将近1.3万公顷,果园的面积达17万公顷。现如今林业果业已然成为赣南等原苏区农村区域的产业支柱。

江西省在全国率先将返乡农民工群体纳入创业担保贷款的扶持范围,其中对于符合条件的返乡农民工提供最高不超过10万元的创业担保贷款;对于合伙经营的,提供最高不超过80万元的额度;对于小微企业等则提供最高不超过400万元的额度,并且均按照财政部门的规定统一给予贷款贴息。

相关统计数据表明,2017年,江西省全省在发放创业担保贷款方面新增130.59亿元,其中通过创业担保贷款形式直接资助个人创业共计8.7万人次,共带动就业约38.18万人次。截止到2017年年末,全江西省共计发放了创业担保贷款约914亿元,共计资助个人创业近93万人次,带动就业近366万人次,还款率高达99.94%。其中,赣南等原苏区已支持返乡农民工自主创业近16.3万人次,发放贷款约106.8亿元,带动农民工就业人数共64.1万人次。

赣南等原苏区凭借其独特的气候、水体、土壤资源,特色农业产量优势凸显。因此,近几年农民工返乡创业多数都选择了发展农业,特色农业发展取得了一定成效,如赣南脐橙、南丰蜜橘、广昌白莲、高山茶叶、油茶等。①粮食方面。赣南等原苏区54个县中内有粮食生产大县30个,粮食总产量占全省的42.8%。全省优质水稻品种较多,比较出名的有万年贡米、赣优晚、南城麻姑米、井冈红米、油粘子等名优水稻品种。②畜牧方面。由于优质产品的多样化,赣南等原苏区畜牧养殖得到了迅猛发展,占全省比重较大,是主要的畜牧产品供给地。生猪、牛、羊、活家禽出栏分别为1 735.16万头、107.23万头、31.26万只、32 151.51万羽,占全省比重分别为52.2%、71.7%、33.4%、70.1%。近年来,赣南等原苏区大力发展优质畜牧产品养殖,品种呈现多样化,如:黑猪、有机猪、西门塔牛、波尔山羊、鲁西小尾寒羊、鲁西黄牛、利木赞牛、夏洛莱牛、肉驴等畜牧良种。③脐橙、蜜橘方面。赣南脐橙自20世纪70年代开始种植,至今种植面积达191.10万亩,已发展成为种植面积世界第一、年产量世界第三,被认为是全国最适合种植脐橙的主产地,被誉为"世界橙乡"和"中国脐橙之乡"。脐橙产量位居全国第一,产量达129万吨,占国内总产量的40%以上。南丰蜜橘是我国柑橘中的优良品种,历史上就以果色金黄、皮薄肉嫩、食不存渣、风味浓甜、芳香扑鼻而闻名中外,因此南丰县被誉为"华夏桔都""蜜橘之乡"。南丰县蜜橘产量达124.25万吨。新干芦柑,品质优良,果实色香味兼优,深受消费者赞赏;柑产量达12.22万吨,占全省比重为35.2%。南康甜柚已有1500多年的历史,1995年被国家相关部门命名为"中国甜柚之乡"。南康甜柚种植面积5.51万亩,产量2.64万吨。④茶叶方面。江西省茶叶自唐朝以来久负盛名,两获世界金奖。赣南等原苏区实有茶园面积51.13万亩,茶叶产量达到1.31万吨,其中绿茶产量1.10万吨,红茶0.07万吨,白茶0.03万吨。⑤白莲方面。广昌白莲始种于唐朝,距今已有1300多年历史,为历代贡品,是国家地理标志保护产品。如今赣南等原苏区多县盛产白莲,其中广昌县和石城县先后被国务院命名为"中国白莲之乡"。赣南等原苏区白莲种植面积为13.71万亩,总产量达1.26万吨。⑥旅游业方面。赣南等原苏区有全国重要的爱国主义教育基地和红色旅游地。红色故都瑞金市、将军县兴国县、中央红军长征的集结地和出发地于都县、三湾改编旧址永新县等红色景点闻名遐迩。赣州有"江南宋城"之誉,吉安有"江南望郡"之美称,庐陵文化、客家文化源远流长,文化积淀深厚。赣南等原苏区山清水秀,生态优美,红、绿、古三色旅游资源十分丰富,也为当地特色农业发展奠定了良好的产业基础,对增加农民收入、促进农业农村经济发展和带动区域经济发展起到了重要作用。

二、赣南等原中央苏区农民工返乡创业取得的成就

（一）带动了赣南等原苏区农村经济发展

根据马克思主义所提及的理论观点，人的行为与社会的发展有着不可分割的联系。作为一个独立的理性个体，农民工从进城打工再到返乡创业的这个过程中作出的选择，主要来源于个体对利益的追求。从个体角度而言，农民工选择返乡创业可以理解为是对于农村经济发展的看好；反过来，农民工群体返乡创业的这一行为又会对赣南等原苏区农村经济发展起到推动作用。返乡农民工已然成为农民工群体的创业主力，一方面为赣南等原苏区农村的发展带来比较可观的经济效益；另一方面使参与者的人均可支配收入能够得到显著的提高，从而使创业所处区域的农民消费水平迅速上升，带动当地的经济发展。在建设小康社会的过程中，赣南等原苏区农村区域对于人力资源、财产及先进的生产技术有着巨大的需求，而农民工群体选择返乡创业能够为农村建设小康社会提供所需要的这些人、财及先进的生产技术。这些资源能够在赣南等原苏区农村经济发展中得到广泛的利用以及传播，使得农村经济建设能够达到事半功倍的效果。

（二）引导赣南等原苏区农村人民建立民主意识

农民工群体返乡创业有利于民主意识的建立，对赣南等原苏区农村生活水平提高也有着比较积极的作用。返乡创业能够使农民工群体所积累的资金、先进技术得到广泛地运用，在这其中还有助于提升创业区域的经济发展水平，与此同时，政府部门以及党相关组织在引导并协调好各个方面利益关系过程中可以加深与农民群体之间的联系。在农民工群体的创业过程中，越来越多的农民开始参与企业管理，企业管理过程中凸显的民主性使农民更容易建立起主人翁精神，对于民主思想在赣南等原苏区的大范围传播同样也有着非常积极的作用。

不仅如此，在农民工群体返乡创业的过程中，契约精神也展现了现

代社会文明中极其重要的一面。契约精神中对个体的平等观念以及权利与义务的相互对等关系也让农民群众增强了对民主精神的了解。当农民工群体返乡创业的同时，也将民主法制观念进行了广泛的传播，这种相对而言更为复杂的个体利益关系也加强了农民对基层政府政权的感知，使农民更加具备监督意识。在这之中，有一定数量的农民工不仅仅回乡进行创业，还积极地参与农村党支部书记、村干部的选举，这对赣南等原苏区农村开展民主自治、提高民众生活水平也有着直接的影响。

（三）提高了赣南等原苏区农产业的技术含量

农村区域的生产力较为落后，在传统社会中，农民的生产大部分依靠的是人力和畜力的结合，这种情况持续了数千年。自改革开放以来，在社会主义的新形势下，新农村建设开始大力推进，农村的传统农产业发生了极大的变化。在农村区域，牲畜数量急剧下降的情况越来越多，取代这些牲畜的则是新的农业机械。技术含量更为丰富的大棚式种植、生态式种植以及观赏式种植等农业技术也逐渐进入了广大农村。可以看出，这些年来在社会主义新形势下，新农村建设已经取得了显著的成绩。由于返乡农民工群体生于农村长于农村，对当地更有感情，同时外出打工的经历使他们更加具备创业思想，与外来的工商业资本相比，他们更适合领导农村走上实现现代化的发展之路。农民工返乡创业多数会考虑如何将更多的资金以及更为先进的技术投入各个农业领域，而这会引发农村区域对大规模生产的可能性思考，有部分农民工则对服装、餐饮类非农产业有更大的意愿，而这种脱离了传统农业的方式会加快农村区域在技术及生产上的城镇化进程。

（四）赣南等原苏区农村的文化环境得到改善

中国在社会主义建设过程中，物质文明和精神文明建设是关键。改革开放以来，中国人民群众在物质方面的生活质量得到显著提升，而精神文明建设还有待加强，尤其是农村人民。历史上由于存在很长一段时间的农耕文明,导致长期以来中国的农村人民的小农经济思想根深蒂固,长时间在农田里从事体力劳动,文化程度普遍较低,这也是人们认为农村象征着封闭、落后甚至是文盲的主要原因。由于当时的农村还没能够进行农业产业化及设备机械化,所以农村区域的精神文明较城市而言更为落后,这也是有因可循的。农民工群体返乡创业这一选择不仅对农村区域的经济发展极为有利,对城乡文化的融合、农村精神文明的引导也有着不容小觑的大作用。与农村区域的其他普通群众相比而言,返乡创业的农民工在人均受教育程度上会更高。再者,由于农民工多数为青壮年,这一群体对新事物的学习和精神文明的接纳程度更高。在农民工外出务工期间,大多数都在城市中长期居住,对城市生活水平有一定的了解,这使他们自身文化素养和学习技能等方面都有了比较大的跨越。当他们回到家乡创业时,不仅可以结合在城市中所学习、所经历的文化环境缓慢地对农村进行改造,其为了创业所积累的先进技能和对企业文化的了解也能够使创业参与人员的文化程度得到大幅度的提升,这些人员在日常的生活中还能将所学的知识传播给其他群众,使城市文化得以在农村中扩散传播。

(五)提高了赣南等原苏区农民的生活水平

在党和政府部门实行新农村建设的过程中,如何提升农村人民生活水平一直被视为是根本任务,也是实现小康社会的一项重要任务。归根结底,只有提升了农村人民的生活水平,才能够实现农村的全面发展。当然,农村人民在生活水平方面的提高不仅要靠物质条件的改善,还要有精神生活方面的改善。事实上,农村的文明程度对人民的生活质量有着直接影响,其有利于提升农民的幸福程度和成就感。农民工群体在返乡创业的过程当中,对农村人民生活水平的提升有着非常积极的作用。创业不仅能够提高农村的农业生产技术,还能够使农民在非农产业有更多的就业机会,越来越多的农村人民开始参与到创业当中,使工作岗位增加,人均收入得到提高,人民生活质量越来越好。农民工群体返乡创业不仅能够推进农村区域的经济发展,还能够推动当地的消费水平的提升,从而改善农民的生活质量。为农民工群体返乡创业所建设的创业孵化园也将整个农村区域的产业整合在一起,促使农村区域的村容村貌更为整洁。与此同时,农民工将在城市务工时所接触的新思想、新概念带到了较为封闭的农村,为优化农村区域的民风民俗起到了不可或缺的重大作用。因此,在物质和精神方面,农民工返乡创业都作出了巨大的贡献。

第二节 赣南等原中央苏区农民工返乡创业所面临的问题

到目前为止,赣南等原苏区农民工返乡创业主要的形式有绿色农业创业、社会创业、开发创业和"互联网+"创业这几种。返乡农民工群体,在经历了长时间的创业实践和发展后,对农村的人均收入提升、生活水平改善等方面都表现出较为显著的作用。然而,其中所存在的问题也不容忽视,比如农民工返乡创业的扶持政策仍需优化、创业资金依旧短缺、农民工自身能力水平较低等,这些困境都急需得到解决。

对进城务工的农民工群体而言,返乡创业的决定实施起来并不容易。本节主要将从主观和客观这两个角度对赣南等原苏区农民工返乡创业所遇到的各种困境进行分析。主观角度具体指的是从农民工自身出发,由于个体的创业能力水平较低,导致在返乡创业的过程中存在较大问题;客观角度则主要包括国家扶持机制的不足以及创业环境比较落后等因素。这两方面存在的问题就是制约赣南等原苏区农民工返乡创业的主要影响因素。

一、返乡创业的农民工个体能力水平不强,可选项太过局限

在中国的社会经济发展过程中,自古以来农业就一直处在一个比较

关键的地位。农民思想一直都受到小农经济的深刻影响,这使得农民在农业方面所采用的技术方法都太过陈旧保守,造成他们普遍缺乏自律性,心态过于狭隘,思维相对封闭。小农经济思想对于新思维、新事物不具有包容性,在此影响下,农村经济的发展也没能随着时代共同进步、共同发展。多数农民的思维都比较守旧,难以接受新事物,再加上对国家法规政策不够了解,使农民工创业发展的脚步一直在原地徘徊。由于多数进城务工的农民工群体的受教育水平比较低,在城市打工期间,他们大多数只能从事技术要求不高、工作门槛较低、劳动简易反复的最底层工作,能够学习到的技术非常有限,所积累起来的资金也较为贫乏。因此,当社会开始处于经济转型、各种产业陆续升级的环境下,农民工成为最先被迫离开城市的人群。

由于赣南等原苏区的经济发展比较落后,工作岗位极为缺乏,农民工的受教育水平低下,在这些条件限制下,农民工没有能力学习新岗位所需要的工作技术,也很难融入新的工作环境中,这就造成了农民工群体的再就业难度加大,返乡创业更是如此。因此,这些农民工不得不返回家乡重新务农,或是干脆在家中待业。

(一)农民工思想的局限性

由于小农经济主要是一种以个体为中心的生产行为,因此,多数农民在从事农业相关活动时都是按照自己的思维进行的,在生产过程中,过于封闭保守的环境使他们的落后思想不能得到提高,目光也不够长远。农民工在投资创业的时候容易放不开手脚,生怕将自己多年来在城市打工挣来的血汗钱投入其中不仅没能获得利益,反而连本钱都一起耗尽。而且外出打工的农民工早已习惯了长时间的人力劳动,对传统劳动方式极为依赖,使他们难以接受经济发展的新形势下产生的新事物。如今大多数发达国家都陆续对农村产业进行机械化普及,以此推动农村经济快速发展,农业机械化水平的先进程度能够加大返乡创业的成功率,而国内的农民却不以为然,在他们的传统观念里,农业机械化需要投入大量的资金,但收效如何难以预估,还不如将这笔资金投入家庭或是购买更为优质的种苗。甚至还有一部分农民认为,机械化生产的产品远不如自己亲手做出的产品质量更牢靠。这种陈旧的观念会减缓农民工返乡创业的发展脚步,返乡创业的成功率也会大幅降低。

赣南等原苏区返乡创业的农民工在创业的过程中,除了因为自身陈旧思想所产生的对新事物的强烈抵触及排斥性以外,致使他们不能放开手去创业的原因还有农民工在创业方面的能力缺乏这一因素。

(二)农民工创业能力的局限性

农民工返乡创业的过程中,除了不可缺少的充足的创业资金外,个体是否具备足够的创业能力、经营管理意识及方式也是极为重要的。在赣南等原苏区,绝大多数外出打工的农民工知识文化程度都比较低,甚至有些农民工连基础的汉字、简单的普通话都没学会,在城市打工的时候也缺乏交流,就这样打拼几年之后返回家乡,语言能力只会退步不会改善。而现在政府的相关扶持政策以及创业所需要的经营管理理念都需要有一定的语言能力和知识水平作支撑。因此,多数农民工对政府政策及经营管理理念都缺乏基本的认知和了解。农民工在创业的过程中,由于对政策及经营管理理念的理解模糊,使他们对产品的研究开发、技术发展、经营管理等方面都存在不足。不仅如此,陈旧的思维理念使农民工的创业方式太过单一。赣南等原苏区的农民工在返乡创业的时候多数都会选择农业、畜牧业等过去已经存在的旧产业。只有那些能够接触到现代化思维的少数农民工会结合电子商务等现代化的方式开展创业。其中最直接的因素就是原始家庭环境使他们对这些旧产业更为熟悉,经营管理也更好展开。再者,由于在城市已工作多年,对农民工而言,靠自己双手来获得收益是最为可靠的,他们不愿意接受一些新的行为方式去创业,再加上他们不具备足够的创业能力,使农民工群体创业方式的选择过于狭隘。

(三) 农民工对风险抵御的局限性

多数农民工因为在城市打工积累了资金，再加上赣南等原苏区的相关扶持机制和融资渠道，才选择返乡创业。虽然已经经历了很长一段时间的城市生活，其小农经济思想却依旧驻扎在脑海中，使得农民工的目光不够长远，做事畏畏缩缩。尽管他们在城市打工的过程中接触到先进的技术及全新的管理理念，结合人类普遍存在的逐利心理，为返乡创业这一选择提供了最直接的动力，但多数创业农民工并不具备成为企业管理人员的基本素质。当然，政府的相关部门也组织了许多对返乡农民工进行辅助创业的培训活动，然而这些培训能够达到的最大效用也仅仅浮在表面，无法进入更深层次。农民工群体的返乡创业行为逐渐成为看不到可预见未来的一种探索，这导致农民工返乡创业的成功率一降再降，同时也造成了创业者不再具备信心的局面。

创业农民工的信心骤降，使他们对创业的热情也逐渐消失。当采访他们为什么会决定返乡创业时，给出的理由主要有两种：一种是因为部分农民工的年龄较大，已经没有能力去城市打工，只能选择创业来维持生计；还有一种是因为有些农民工认为自己所从事的工作获得的利益不够多，所以决定创业。就目前情况而言，多数农民工返乡创业的主要范围依旧是以家庭为核心的加工业、服务业等，而且他们在创业的过程中并没有设立一个较为长远的工作计划，他们甚至根本没有想过能够长期经营下去。大部分的创业者对自身的创业根本没有一个长远的规划，而仅仅是秉着一个能够维持现有生活水平的想法。他们在城市打工期间所积累的资金和学习的先进技术在农村有着天然的优势，然而却不具备创业者在创业过程中应有的巨大热情和信心。这些农民工返乡创业的根本目的就是逃离城市带来的无尽压力，回到农村中利用手中的资源来改善自身的生活水平和经济状况。

在中国的城乡发展进程中，农民工作为其中的特殊群体，未拥有足够的创业资源，创业能力水平低下，使他们在创业过程中对可能存在的风险不具备充分的抵抗防御能力。由于对企业的认知不足,使农民工对创业的规划控制缺少了更深层次的风险评估能力。农民工的文化水平和综合能力比较欠缺,而且多数是以个体或是家庭为主进行创业发展,因此在规避可能存在的市场风险中也有些难以抵抗。除此之外,由于大多数农民工在早期创业的过程中没有规划手中资源就过多地投入,使他们在抵御风险时没有多余的资源,一旦市场发生任何变化,创业者根本没有任何能够进行周转的资源,这也导致农民工对创业过程中可能存在的风险的抵御能力被大幅削减。

(四)农民工创业选择的局限性

由于农民工的创业思维较为保守,其创业的选择也受到局限。协调发展是以习近平主席为核心的中央领导集体所提出的"五大发展"中的关键一项。然而在现阶段的农民工返乡创业进程中,农民工的返乡创业行为相较协调发展有着显著的差距,这也同样是现代农民工返乡创业中出现的重要问题。农民工在创业选择上存在局限的原因主要有两个:一个是农民工返乡创业选择的行业过度集中,竞争极为激烈。在传统小农经济观念的影响下,农民工创业的可选方案比较有限,加上他们在城市中打工多数选择的是人力劳动作业。因此,农民工在回到家乡后,选择的创业领域依旧是人力方面的行业,首先选择的是种植业;其次是服务业、畜牧业等。再者,由于农民工的目光不够长远,较为注重当下的利益,多数返乡农民工都倾向于选择对资金要求较低或者回报率较高的行业,他们创业的项目主要就集中在某几个项目当中,缺乏对市场评估,以至于相互之间的竞争逐渐白热化。另一个是由于区域发展不平衡导致了较发达地区的创业项目过于密集,致使区域之间的差距更为明显。赣南等原苏区的经济发展水平不够均衡,在利益的驱使下,多数返乡农民工在选择创业基地时更倾向于在那些经济发展较快、交通运输渠道种类多的优越区域进行创业,这不仅会使那些发展不够迅速的区域难以建成规模化的现代创业园,还会导致发展较好的区域创业项目扎堆,加剧区域之间的不协调发展差距。

　　区域的经济发展水平代表着该地区的经济状况及未来的发展潜力,区域的经济活跃度越高,能够带来的市场机遇也就越多。经济发展水平较低的区域比较缺乏相关产业的支撑,难以吸引较多的外商前来投资,经济增长缓慢,工作岗位较为短缺,无法吸引大规模的劳动力。因此,在这些区域范围内的农民工创业机遇较为缺乏。资金吸引水平较低、创业机会过少的区域能够带动起来的创业项目也就更少,因此,多数农民工只能够重新回到田中劳作,依靠微薄的农业收入来维持现有的生活水平。

二、基础设施条件不足,产业环境较差

　　古人云,万事开头难。在农民工返乡创业的初期,还存在着许许多多的问题,如果这些问题能够得以妥善解决,那么返乡创业就能够顺利开展进行下去。创业早期的经营状况对创业行为是否能够持续发展下去也有着极大的影响。在赣南等原苏区的农民工返乡创业进程中,即使有部分农民工能够解决自身能力水平不足、风险抵御能力较弱、创业选择狭隘等问题,但由于他们返乡创业的初始状况不佳、创业环境较差,很大程度上会对他们的创业积极性造成较大打击,甚至还会影响他们的日常生活水平,降低创业行为的可持续性。

　　(一)本土化方面

　　对于农民工返乡创业这一活动性质而言,将创业行为与本土性进行融合能够使创业达到事半功倍的效果。将创业行为与本土性相互融合指的是农民工返乡创业这一行为需要与创业区域的本土政治、经济、文化等社会文明相互融合。作为一种进入农村的新社会形态现代化事物,当农民工群体的返乡创业行为能够与创业区域的社会生态环境高度适应,达到当地的社会生态环境标准,才能将这种创业行为当作是一种良性的发展形式,如果创业过程中对于所在区域的生态环境重视度

不足,会使创业行为成为一种强行干预进来的行为,这种创业行为没有办法成功地适应并融入所在区域的社会生态环境当中。因而也加大了遇到不可估量风险的可能性。所以,农民工返乡创业行为与本土性相互融合的程度能够直接影响创业行为的成功率及可持续性。

如果要与本土性相互融合,就需要创业行为符合创业区域人民的生活需求,需要符合本土对于资源、文化等相关方面的标准,也要符合区域人民的期许。现阶段,多数农民工返乡创业行为都由自身的主观意志来决定,对本土化的概念理解较为不足,以至于诸多农民工创业生产的产品及服务在当地不受欢迎,只能通过对外输出来维持。部分农民工为了能够获得在当地的创业机会,使用了各种方式,但在获取资源的过程中却没有考虑区域内群众的意见,创业行为的群众基础不够强大,更有甚者在创业的过程中过分消耗资源,对当地环境也造成了一定的破坏。

现如今创业方式多种多样,由于农民工的创业资金、生产技术、自身能力和受教育水平都有一定的局限,因此多数农民工返乡创业的行业主要还是经营农业,如规模化种植及养殖,这些是赣南等原苏区的农村经济中最为主要的增长点及支柱型产业,对农民群体迈向小康、促进农村经济繁荣发展有着极为特殊的重大意义,然而这种粗放型的产业很有可能会对环境造成污染,导致农村环境受到破坏、可持续性下降,农民群众的生产和身体健康也会受到不良影响。这些强行干预进来的创业行为不仅会加大农民工创业的成本,也会加大对基层的压力,甚至还有可能延缓创业前行的步伐,导致区域内的社会矛盾激化。这种不能与本土性融合的创业行为不仅会使农民工群体返乡创业的行为与创业区域的生态环境无法协调发展,甚至会加大冲突的可能性,在一定程度上也会对创业发展产生较大的阻力。

(二)资源配置方面

随着我国计划于2020年全面实现小康社会这一伟大目标日益接

近,在全国各个地区,尤其是赣南等原苏区农村地区脱离贫困的期望愈加急切,由于农民工返乡创业能够推动农村经济快速发展,相关政府部门和基层领导者也愈加重视农民工返乡创业扶持机制的完善,在国务院的文件中也屡有提及。从返乡创业的农民工群体出发,他们选择返乡创业的主要原因在于希望能够脱离贫困、迈进小康社会,也有一部分主要考虑到创业区域资源的可利用性较大。这些资源具体包括:创业区域的经济发展水平、政府扶持创业的相关政策机制、农村的廉价劳动力、先天的自然资源、不受污染的生态环境、逐渐发展的交通设施、可通过各种有效途径取得的创业资本等。农民工创业过程中期望能够获得这些资源是很正常的想法,然而不仅仅是本区域内的农民工创业者受到吸引,其他存在利害关系的外来个体也希望能够获得这些有效资源。这些资源决定了农村区域是否能够吸引外来资本或是投资商人,绝大多数人都认为农村需要保留一部分资源来吸引外来投资。因此,部分农民工群体在返乡创业的期间或多或少都会遇到资源不足的窘迫处境。对那些以个体或是家庭为单位的返乡创业农民工而言,能够得到足够的资源有利于在与其他行业的竞争中夺得一席之地。资源的配置及短缺不仅仅会对创业本土区域的农民产生影响,其中关联的外来利益主体也会受到较大的波及。在资源有限的情况下,因资源利用产生的冲突必然会对农民工返乡创业造成较大的限制。

在农民工返乡创业的过程中,资源配置不协调是导致创业积极性低下的关键原因之一。城市与农村之间资源的不平衡是首要原因。由于城市与农村的资本分配不均衡,使在不同区域创业的农民工在获取资金时的难易程度不同。城市区域内,因为银行或贷款机构对商业组织所办理的贷款业务更为熟悉,且不管是房屋产权还是建设用地使用权,都被允许作为抵押物来获取银行贷款,因此创业者更容易获得贷款;但是在农村区域内,无论是农村宅基地还是厂房用地,由于它们与城市不动产相比流动性较差,很难依靠抵押来获得银行贷款,这使农民工在短时间内不能够获得足够的资金进行创业。除此之外,城市与农村之间的公共服务资源配置也不够均衡。城市区域内,所在地的政务中心能够提供创业所需的申请、核准等相关服务,对创业者来说这些公共服务使创业更为方便;而农村区域内,这种便利的公共服务中心极为欠缺,农民工如果要创业就必须前往城市区域内申请创业所需要的证件、执照等,如此耗时耗力的流程使得多数农民工不愿意返乡创业。

(三)农村设施方面

基础设施的好坏程度能够影响农民工群体返乡创业成功率的高低。中共中央政治局于2015年4月30日召开的会议中对健全城乡统筹协调发展的一体化机制开展了集体学习,在会议中,习近平主席表示,在发展城市的同时不能无视农村的发展。在当代城乡统筹一体化发展的过程中,多数地区的发展重点都只在于城市内部的规划及建设,而农村区域的基础设施和环境建设往往被忽视,赣南等原苏区也是如此。对农村基础设施和环境进行规划建设,能够为未来农村经济发展快速提升以及全面构建小康社会提供重要的辅助作用。加强农村基础设施的规划建设,有助于中国社会经济发展更可持续性,有利于实现城乡统筹协调发展,对构建社会主义新农村也有着极为重要的意义。到目前为止,在社会主义新农村的建设进程中,与过去的情况相比,现在的农村基础设施规划建设已经逐渐成形,基本能够达到每家每户有电可用,区域之间道路畅通的标准。但是,这些改变对需要返乡创业的农民工群体而言,依旧是处于一个较为落后的阶段。尽管能基本保证每家每户的用电情况,但对农民工群体创业产业所需的高用电量而言依旧供应不足,产业所需的交通运输及工厂等依旧没有达到基本供应标准。城市与农村之间较大的基础设施条件差异造成农村区域内经常出现运输道路过于狭窄,水电供应不足等困境。过于落后的农村基础设施条件,使农民工返乡创业的行为与农村内部生产环节不能够及时对接,生产的产品也没有办法在生产后尽早地运输出去,这会严重影响农民工的创业积极性。赣南等原苏区的农民工在回到家乡后，多数会倾向于在农业、服务业等方面进行创业。然而，有限的交通运输方式、较低的产业机械化程度，加上基础设施条件较差，导致农民工返乡创业的行为受到了直接影响。

多数农民工在返乡创业期间，更愿意选择在一些离居民生活地较远，周边环境比较空旷的地区来建立自己的创业工作场所。近年来，政府相关部门对赣南等原苏区的农村道路重新进行了改进，但仍然有一些地理位置较为偏远的农村道路依旧是极为难走的泥土路，这使得在偏僻地区的工厂在生产产品之后不能够及时地运输到其他区域。交通运输方式太过局限使返乡创业的发展速度缓慢。再者，产业机械化程度过低，导致农民工的创业产业依旧要依靠人力，不能提供多样化的产品，交易成功率较低。

尽管赣南等原苏区的地理位置不差，自然资源良好，但与农村相邻的城市经济发展水平较为低下，能够接触到的产业技术也比较滞后，使农民多数选择在北上广一带务工。虽然农民工在外拼搏多年后带着积累的资金返回家乡创业，但是多年的高负荷劳动使大部分农民工回到家乡后身体状况不太乐观。为了保持自己的健康，购买药物耗去了一大部分的资金，再加上机械设备的成本极高，在维持健康的同时许多农民工的剩余资金不足以购买机械设备。不仅如此，思想上的陈旧落后性使他们短期内无法接受人工劳动方式被机械设备所替代，极少部分农民工退而求其次选择了一些质量次等、价格水平一般的机械设备进行产品生产。机械化水平的不足极易导致农民工返乡创业的成功率大幅下降，农业现代化水平不能得到提高。

除此之外，生活基础设施条件较差也会对农民工返乡创业行为产生极为不利的影响。那些将工厂建立在比较偏远区域的创业者经常会在经营过程中遇到临时停水停电，资源供应不到位的情况。不管是农业还是畜牧业都需要大量的水资源供应，因此，在供水不足、资源短缺的状况下,农作物的成长和牲畜的繁殖都存在着极大的不利情形,有可能导致农作物枯萎或是牲畜长不大。现在多数的蔬菜种植都是在大棚内进行的,而在大棚内进行温度设定、调节大棚顶部的开合以及水源的喷洒等都需要电力支持,如果因为突然停电而导致棚内温度无法调节或是不能均匀洒水的情况,则很大概率会出现棚内的农作物质量下降,导致本年收成不佳的状况。

三、相关政策不够完善,引导人员欠缺服务意识

在中国的近代发展史中,邓小平曾经提出,如果农业要快速发展,就需要有配套的政策扶持。国务院办公厅也曾颁布《关于支持农民工等人员返乡创业的意见》表示对农民工群体创业行为的支持。多数农民工从城市返回农村后,基本上都选择回归自己的基本行业,也就是农业,也有部分农民工在城市里接触到新的创业思想后,选择结合电子商务等现代方式进行创业。虽然国家、江西省以及赣南等原苏区等区域的相关政府部门为了加大对农民工群体返乡创业这一行为的扶持力度,发布了许多实施性很强的政策,然而这些政策并不能很好地传达到农村的各个角落,没有完全地落实下去。除此之外,政策机制的效用不是很明显,在创业过程中,由于存在创业起始资金缺乏、融资渠道受限、手续流程太过繁复等问题,使农民工返乡创业发展速度放缓,再加上对创业成功案例的宣传及鼓励引导机制不足,使农民工返乡创业过程中困难重重。

多数农民工在城市工作多年后,都会积累一定的资金,但是对于创业来说,他们所积累的资金还远远不够。因此,他们能想到的办法就是向亲朋好友借钱,或者是与他们共同创业,但由于小农思想作祟,多数农民都不会冒着风险参与进来。尽管政府有关部门针对这种情况发布了许多鼓励农民工返乡创业的支持政策,但是大部分农民工对这些政策不够了解,知晓程度也极低,政府承诺给予的扶持资金作为他们的创

业起始资金也是不够的。除此之外，当农民工决定去银行申请贷款的时候，由于贷款申请人需要提供贷款必需的担保，然而农民工能够作为抵押品的资源不足，无法进行担保。这也成了个体或是企业融资过程中在银行贷款这一环节遇到的极大困难。没有抵押品抵押、还款期限太短、贷款利息太高都是农民工对创业望洋兴叹的因素，多数农民工因为无法获得银行贷款而放弃创业。在赣南等原苏区的农民工创业现状中，多数农民工表示向银行申请贷款非常困难，宅基地流转性太差，不能作为贷款的抵押品，而寻求公务员进行担保也非易事，部分申请成功的群众则表示，经常收到银行的电话催促利息偿还期限将至，偿还利息也变成了一项非常困难的事情。

虽然现在赣南等原苏区很多地方已经在地方办事大厅建立了独立的农民工返乡创业窗口和办公室，但由于农民工本身的教育水平有限，文化程度较低，而创业所需的注册审批环节手续过于繁杂，当他们面临如此多的手续时，往往束手无策。多数农民工反映，在其中一个窗口办理了审批手续之后，又要到另一个窗口办理同样的手续，这说明部分地区的创业审批手续不够简洁，未将一站式服务做到位，农民工返乡创业在初始起步阶段就停滞下来。虽说多数农村已经开始积极推出相应的举措来改善现在的融资环境，但是由于存在银行贷款门槛过高、审批手续太过繁杂、时间周期较长、民间借款利息过高等问题，因此很难在短期内解决融资款难的现状，农民工返乡创业的资金短缺问题没能得到及时的改进。就算创业者能够积攒到建立工厂的资金，但是在经营过程中依然需要持续资金，因此部分农民工就算有钱建厂也没钱经营，农民工的融资环境迫切需要改善。

一些返乡创业成功案例已经在本区域内广泛地传播开来，但是，如果宣传的范围仅仅只在赣南等原苏区内的话，就没有办法让农民工自主创造的产业品牌走向更广阔的地区，产业的发展也会停滞不前，也不会有更多在外打工的农民工了解到家乡返乡创业的有效成果以及政府

第六章　赣南等原中央苏区农民工返乡创业的现状及面临的问题

相关部门为了支持农民工返乡创业颁布的许多扶持政策。除此之外，缺乏对返乡创业成功的奖励政策也会导致农民工返乡创业的念头被消磨尽。如果不加强宣传和奖励的力度，将会导致返乡创业的农民工数量越来越少。

一个国家的良好治理方针和社会的有效运作需要依靠各级政府部门互相之间全力配合，同时又相互制约才能做得更好。如果仅是单独靠其中某些部门来运作，将会使整个活动的效果大打折扣。目前，在一般情况下多数部门之间能够达成友好的合作关系，一旦出现资源有限的情形，就很难保证不会出现为了争夺利益导致部门相互之间进行博弈。当部门间的博弈程度过重时，很容易导致本应该有条不紊地运作的环节出现松弛。在农民工返乡创业的政府扶持过程当中，一旦各个部门相互间的职责划分出现问题，也会导致这种情况的发生，使各部门工作产生的效果不能最大化。不仅如此，由于农民工自身的创业行为也不能够进行统一规划，极有可能造成某区域内创业项目过于密集、产业间相互竞争加大等状况，农民工返乡创业的整体活动不能进行互补，在一定程度上会导致返乡创业这一行为带来的积极作用被削弱。

2015年，国务院总理李克强主持召开国务院常务会议，确定支持农民工等人员返乡创业政策，印发了《关于大力推进大众创业万众创新若干政策措施的意见》《关于支持农民工等人员返乡创业的意见》《鼓励农民工等人员返乡创业三年行动计划（2015—2017年）》等一系列文件。然而这些政策和制度都不够紧密，不能形成一个较为全面的制度体系。农村地区的基层组织能够直接与返乡创业的农民工群体进行交流，通过这些组织能够将国家制定的扶持机制向所有的农民工进行推广并落实到位。因此，当基层人员足够理解国家制定的扶持机制时，将有利于加快农民工返乡创业的脚步。但是，现实情况是许多农村的基层人员文化水平不高、服务能力较弱，对扶持机制的理解不够透彻，使国家政策的推广和运用不到位，不能达到应有的效果。完善的政策能够为农民工群体返乡创业提供有效保障,而高效率的执行则能对农民工的创业行为进行合理的引导。在农民工返乡创业扶持机制逐步调整的同时,也需要加强政策的执行力度,执行力度不强不仅会造成国家政策落实的失败,在社会上也会产生负面影响,门槛高、脸色差、事难做是现在比较普遍的现象,这些政策执行问题会使农民工返乡创业的积极性受到巨大打击。

第三节 本章小结

本章主要对赣南等原苏区农民工返乡创业取得的成就和现状进行描述。农民工返乡创业这一行为使得赣南等原苏区农村的生活水平得到提高,个体的民主思想逐渐成形,产业技术愈加多样化,农村的环境得以改善,赣南地区的经济发展脚步也开始加快。本章还从个体、环境和国家政策三个方面对发现农民工创业中存在的问题进行了深入分析。思维过于狭隘、能力水平不足、抗风险能力弱以及创业选择范围太局限等问题使农民工个体对返乡创业缺乏信心;产业本土化融入性较差、资源配置不够均衡、农村基础环境设施的缺陷导致农民工返乡创业得不到外部环境的支持;而政府扶持机制的不完善和执行力度不足使农民工在创业过程中没有得到足够的保障。因此,在看到赣南等原苏区农民工返乡创业产生的积极影响的同时,也要对其中存在的问题进行改进,从而使农民工返乡创业得到更多的扶持,农村经济才能发展得更加迅速。

第七章 赣南等原中央苏区农民工返乡创业意愿的影响因素

本章主要研究农民工返乡创业意愿的影响因素,分析各因素的作用大小、方式和内在机理,特别是重点研究个人特征和政策支持对农民工返乡创业意愿的作用绩效。

第一节 研究假设及模型构建

一、研究假设

根据文献综述和课题组已掌握的文献资料可以看出,农民工返乡创业意愿除受政策支持的影响外,还受农民工个体特征、家庭特征、资源禀赋、风险偏好、所处的区域特征等因素的影响,并且不同因素对农民工返乡创业意愿的影响程度和作用机理各不相同。

根据对农民工返乡创业意愿的实地调研情况,本章对影响农民工返乡创业意愿影响因素作出如下假设:

(1)农民工的外出务工收入与返乡创业意愿呈负相关。如果外出务工收入较高,则返乡创业意愿较弱。

(2)性别影响农民工返乡创业意愿。根据调查,男性返乡农民工和女性返乡农民工对工资收入有不同的期望,劳动技能掌握程度有差异,且女性更多需要兼顾事业与家庭,所以本章假设性别因素对农民工返乡创业意愿有影响,即男性农民工与女性农民工的返乡创业意愿有所差异。

(3) 年龄与农民工返乡创业意愿呈负相关。随着年龄的增长,农民工虽然工作技能掌握程度日渐成熟,工作经验日渐丰富,但是创业具备一定的风险,在年轻时创业意愿较强,而随着年龄的渐长,则趋于安稳,承担风险能力较弱,创业意愿不强。

(4) 文化程度与农民工返乡创业意愿呈正相关。研究表明,受教育程度代表一个劳动者的基本文化素质,劳动者的文化程度直接对其就业状况和创业意愿产生影响。具有较高的劳动技能,受教育程度较高的劳动力对工作条件、薪酬待遇等期望值较高,因此文化程度较高的农民工为了从事匹配自身学历的工作和实现更高收入的期望,创业意愿较高。

(5) 家庭人口数显著影响农民工返乡创业意愿。在中国,农村劳动力普遍具有较为深厚的"恋家情节",农民工在取得一份工作时,希望能够同时兼顾家庭,尤其是为了方便照顾子女,现实生活中,许多外出务工者为了能够照顾家人而选择返乡。因此,本章研究中假设家庭人口数与返乡农民工创业意愿呈正相关。

(6) 家乡区域经济发展情况与农民工返乡创业意愿呈正相关。当地经济发展越好,创业机会就越多,创业平台就更广阔,能够为农民工提供更好的创业环境和创业机会,从而增强农民工返乡创业意愿。

(7) 政府创业政策与农民工返乡创业意愿呈正相关。一个区域能否吸引农民工返乡创业,除了区域经济发展情况外,当地政府对农民工返乡创业的政策支持也是重要影响因素之一,政府创业政策的扶持力度大、优惠多,则农民工返乡创业的意愿越强烈。

二、模型构建

返乡创业意愿 = F(政策支持、个体特征、家庭特征、资源禀赋、风险偏好、地域特征……政策支持×个体特征、政策支持×家庭特征、政策支持×资源禀赋、政策支持×风险偏好、政策支持×地域特征……) + 随机干扰项

本模型因变量为"0~1"变量,即农民工返乡创业意愿,结果有两种,即愿意和不愿意。政策支持变量将按虚拟变量处理(如当地是否有政策扶持、是否有创业培训、是否有创业园区、是否有项目扶持、是否有信息咨询,是否有用地优惠、是否有纳税服务等政策,如果有则为"1",没有则为"0")。模型中引入政策支持与其他变量的交互项,是为了更好地弄清各项政策对农民工返乡创业意愿影响的内在作用机理。

三、样本选择

首先将赣南等原苏区的42个县市按照经济发展水平状况由高到低顺序排列分成3组;其次分别在较高、中等、较低经济发展水平组中采用随机抽样的方式抽取10个县,在每个县中抽取4个乡镇,抽取方法与省中抽县一样;最后在每个乡镇随机抽取10名返乡农民工。

四、问卷设计

根据以上方法选样后,采用问卷进行调查,问卷设计如下:第一部分是个人特征,包括外出务工收入、性别、婚姻状况、文化程度等;第二部分是家庭特征,包括家庭规模、子女受教育程度等;第三部分为所在区域的特征,包括家乡区域经济发展情况等;第四部分为返乡农民工工作现状,包括是否具有劳动技能、劳动技能掌握情况等;第五部分是工作基本情况,包括行业、单位性质、岗位、月收入变动情况等;第六部分是

政策支持,包括政府对创业政策宣传的情况等。其中第四部分从各个不同的方面考察农民工返乡创业意愿,其他的五个方面是考察影响农民工返乡创业意愿的因素。

在正式展开问卷调查之前,先进行小范围预调研,根据预调研结果对调查问卷进行调整,以确保调查问卷的每一个问题都涉及农民工返乡创业意愿的影响因素。

通过调查得出结论,返乡农民工创业意愿的影响因素主要通过农民工对外出务工工资与创业收入的差异、工作时间、工作条件的满意度来衡量,农民工对上述三项指标的评价情况将直接影响其返乡创业意愿,而农民工的年龄、性别、家庭特征、教育程度、工作现状、政府政策等因素将通过影响农民工对外出务工工资与创业收入差异、工作时间、工作条件的满意度而最终影响其返乡创业意愿。所以可将上述调查问卷涉及的如返乡农民工的个体特征、工作现状和政策支持等问题作为初始变量,通过路径分析,揭示不同因素对农民工返乡创业意愿的影响原理。

第二节 样卷分析

在随机选取的 1 300 名返乡农民工样本中,采用调查问卷的方式,最终得到有效问卷 1 145 份,其中选择"愿意"返乡创业的农民工有 740 人,占比 64.6%。由此可见,农民工愿意返乡创业的比例比较高。受访农民工的平均年龄大约为 35 岁,其中,介于 30~39 岁的农民工占比 44%,这说明返乡农民工以青壮年为主;具备初中及以上文化的农民工占比 67.8%;绝大多数的农民工有 2 个及以上的兄弟姐妹,平均兄弟姐妹的个数为 3.67 个。受访的农民工具体数据如表 7-1 所示。

表 7-1 受访的农民工样本数据一览表

项目	选项	人数(人)	比重
农民工年龄	30 岁以下	270	23%
	30～39 岁	504	44%
	40～49 岁	315	28%
	50 岁及以上	56	5%
返乡农民工文化程度	小学以下	104	9.1%
	初中	776	67.8%
	高中及以上	265	23.1%
农民工性别	男性	1010	88.2%
	女性	135	11.8%
婚姻状况	已婚	1012	88.4%
	未婚	133	11.6%
外出务工月均收入	1 200 元及以下	360	31.4%
	1 200～1 800 元	391	34.2%
	1 800～2 500 元	230	20.1%
	2 500 元以上	164	14.3%
家庭人均收入	5 000 元及以下	430	37.5%
	5 000～6 500 元	389	34%
	6 500 元以上	326	28.5%
兄弟姐妹个数	2 个及以下	321	28%
	3～4 个	519	45.3%
	5 个及以上	305	26.7%

一、实践模型构建

根据调查研究所掌握的情况看,农民工返乡创业主要受到以下几个因素的影响:政策支持、个人特征、家庭特征、风险偏好和区域特征等。因此,将这些影响因素作为自变量,农民工返乡创业意愿作为因变量,可以构建实践模型如下:

$$y = \beta_0 + \beta_1 x_1 + \beta_2 x_2 + \cdots + \beta_{17} x_{17}$$

式中,当农民工不愿意返乡创业时,$y=0$;当农民工愿意返乡创业时,$y=1$。x_1、x_2,…,x_{17}代表的是影响农民工返乡创业的政策支持、个体特征、家庭特征和风险偏好等因素。

二、研究方法

本章的研究对象为农民工返乡创业意愿,结果有"愿意"和"不愿意"两种情况,属于二元选择变量,所以本章的研究方法采用二元Logistic模型进行分析,模型形式表现如下:

$$p_i = F\left(\alpha + \sum_{j=1}^{m}\beta_{ji}x_j\right) = 1 \div \left\{1 + \exp\left[-\left(\alpha + \sum_{j=1}^{m}\beta_j x_j\right)\right]\right\}$$

整理后如下:

$$\mathrm{Ln}\frac{p_i}{1-p_i} = a + \sum_{j=1}^{m}\beta_j x_j$$

式中,p_i代表第i个农民工愿意返乡创业的概率,x_j代表第j个影响农民工返乡创业因素的自变量,模型中各个影响因素所选取的具体变量等统计关系如表7-2所示。

表7-2 模型中各个影响因素所选取的具体变量表

变量名称	变量代码	变量定义	平均值	标准差
政策支持特征				
政策支持力度	x1	政府对农民工返乡创业支持力度大小,较小=1,一般=2,较大=3	2.067	0.669
农民工个体特征				
年龄30~39岁	x2	以30岁以下为对照组,30~39岁=1,其他=0	0.44	0.497
年龄40~49岁	x3	以30岁以下为对照组,40~49岁=1,其他=0	0.273	0.446

第七章 赣南等原中央苏区农民工返乡创业意愿的影响因素

(续表)

变量名称	变量代码	变量定义	平均值	标准差
年龄50岁及以上	$x4$	以30岁以下为对照组,50岁及以上=1,其他=0	0.489	0.216
性别	$x5$	男性=1,女性=0	0.883	0.321
婚姻状况	$x6$	已婚=1,其他=0	0.884	0.322
初中文化程度	$x7$	以小学及以下文化程度为对照组,初中=1,其他=0	0.668	0.468
高中及以上文化程度	$x8$	以小学及以下文化程度为对照组,高中及以上=1,其他=0	0.231	0.422
外出务工收入	$x9$	农民工外出务工月薪,600元及以下=1,601~800元=2,801~1 200元=3,1 201~1 800元=4,1 801~2 500元=5,2 501-3 000元=6,3 000元以上=7	4.152	1.316
农民工从业资格	$x10$	是否具有从业资格证,有=1,没有=0	0.162	0.367
农民工技能获取	$x11$	是否有技术,有=1,没有=0	0.707	0.456
农民工风险偏好	$x12$	冒进型=1,保守型=0	0.207	0.406
农民工家庭特征				
家庭人均纯收入	$x13$	5 000元及以下=1,5 000~6 500元=2,6 500元以上=3	1.91	0.81
兄弟姐妹个数	$x14$	2个及以下=1,3~4个=2,4个以上=3	1.986	0.74
是否有亲戚在政府部门工作	$x15$	有=1,没有=0	0.145	0.352
区域特征				
区域经济发展状况	$x16$	区域经济发展较差=1,一般=2,较好=3	1.818	0.911
区域资源是否丰富	$x17$	区域资源状况较差=1,一般=2,较好=3	1.732	0.741

三、农民工返乡创业意愿影响因素的 Logistic 回归分析

通过采用 SPSS 软件对 1 145 个样本的数据进行逐步向后回归方法的拟合二元 Logistic 模型,先将所有可能影响因变量的自变量引入模型进行显著性检验,然后根据检验结果重新拟合方程,最后保留通过显著性检验的自变量,结果如表 7-3 所示。

表 7-3　Logistic 回归分析结果

变量	模型 1			模型 2		
	估计系数	Wald 值	发生比率	估计系数	Wald 值	发生比率
常数项	-2.275***	20.334	0.103	-2.421	28.92	0.089
政策支持特征						
政策支持力度	0.195	3.598	1.216	0.204	3.968	1.266
农民工个体特征						
年龄 30~39 岁	0.573***	10.642	1.774	0.492***	12.075	1.636
年龄 40~49 岁	0.246	1.493	1.278			
年龄 50 岁及以上	-0.276	0.656	0.759			
性别	0.331	2.534	1.393	0.349*	2.884	1.417
婚姻状况	0.821	12.462	2.272	0.874***	16.99	2.397
初中文化程度	-0.047	0.037	0.954			
高中及以上文化程度	0.241	0.729	1.273	0.286*	2.662	1.331
外出务工收入	-0.418***	51.703	0.659	-0.413***	50.878	0.662
农民工从业资格	0.472**	5.367	1.603	0.458***	5.108	1.582
农民工技能获取	0.286*	3.523	1.331	0.304*	4.065	1.355
农民工风险偏好	0.486***	6.779	1.625	0.499***	7.202	1.647
农民工家庭特征						

(续表)

变量	模型 1			模型 2		
	估计系数	Wald 值	发生比率	估计系数	Wald 值	发生比率
家庭人均纯收入	0.390***	18.32	1.478	0.392***	18.996	1.481
兄弟姐妹个数	-0.051	0.253	0.95			
是否有亲戚在政府部门工作	0.364*	3.045	1.439	0.368*	3.153	1.445
区域特征						
区域经济发展状况	0.198***	6.912	1.219	0.198***	7.044	1.219
区域资源是否丰富	0.479***	16.274	1.6115	0.469***	15.822	1.598

注：***、**和*分别表示在1%、5%和10%的统计水平上显著。

四、结果分析

1. 政策支持的影响

政策支持是影响农民工返乡创业意愿的重要因素,该变量在模型1和模型2中都通过了显著性检验且系数为正,表明政策支持力度越大,给农民工返乡创业提供的便利条件越多,农民工返乡创业的意愿就更加强烈。

2. 个体特征的影响

（1）年龄对农民工返乡创业意愿的影响存在差异。根据表7-3可知,年龄30~39岁在模型1和模型2通过了1%统计水平的显著检验并且系数为正,但是其他两个年龄段并未通过显著性检验,这表明年龄对农民工返乡创业意愿的影响存在差异,其原因可能是对年轻的农民工来说,随着阅历的增长,创业的欲望更加强烈,而到了一定的年龄后,由于所掌握的技能有限,不敢冒险,返乡创业的欲望也随之下降。

（2）性别是影响农民工返乡创业的重要因素。性别在模型1和模型2中都通过了10%统计水平的显著性检验且系数为正,可以看出男性农民工的创业意愿要明显高于女性。

(3) 婚姻状况是影响农民工返乡创业的重要因素。婚姻状况在模型1和模型2中通过1%统计水平的显著性检验且系数为正,已婚农民工的创业意愿是未婚农民工的2.397倍。其原因可能是,相对于未婚农民工单打独斗来说,已婚农民工基于家庭利益最大化的目标,家庭成员通力合作,所以创业意愿更加强烈。

(4) 文化程度是影响农民工返乡创业的重要影响因素。高中及以上文化程度变量在模型2中通过统计水平1%的显著性检验并且系数为正,表明高中及以上文化程度的农民工创业意愿更强,原因可能是文化程度越高,知识体系更加丰富,所掌握的技能更加多样化,目光更加长远,因此相对更愿意返乡创业。

(5) 外出务工收入变量在模型1和模型2中通过1%统计水平显著性检验且系数为负,表明农民工外出务工的收入越高,返乡创业的意愿就越弱。

(6) 农民工从业资格和技能都对返乡创业具有重要影响。两个变量在两个模型中都通过了显著性检验且系数为正,表明农民工所掌握的技能越多,技术越熟练,返乡创业的意愿就更强。

(7) 农民工风险偏好是返乡创业意愿的重要影响因素。该变量在模型1和模型2中通过1%统计水平的显著性检验且系数为正,表明在其他条件不变的情况下,偏好风险的农民工更加愿意返乡创业,也更加证实了创业是勇敢者的游戏。

3. 家庭特征的影响

(1) 家庭人均收入对农民工返乡创业意愿具有正向影响。该变量在模型1和模型2中都通过了1%统计水平的显著性检验且系数为正,表明家庭人均收入越高,创业意愿越强。其原因可能是,随着收入的提高,满足了基本生活需求,在有一定经济基础的条件下,具备创业所需的资金,因此收入更高的农民工更加愿意创业。

(2) 是否有亲戚在政府部门工作变量对农民工返乡创业意愿具有重要影响。该变量在两个模型中都通过了10%水平的显著性检验且系数为正,表明有亲戚在政府部门上班的情况下,农民工更愿意返乡创业。其原因是,亲戚在政府部门工作能够帮助返乡农民工迅速掌握政府政策,利用税收优惠政策等,能够更好地将资源投入相关政府扶持的项目中,提高创业成功的概率。

4. 区域发展特征的影响

区域经济发展水平和区域资源是否丰富对农民工返乡创业意向具有显著的正向影响。这两个变量通过了两个模型1%统计水平的显著性检验且系数为正,表明家乡经济发展水平越高,资源越丰富,为农民工提供的创业机会越多,农民工返乡创业的意愿就更强。

五、政策建议

(一)加大对返乡农民工的教育和创业技能培训

针对农民工普遍存在文化素质不高和掌握劳动技能不熟练的客观情况,应该采取如下措施:第一,建立健全农村科学文化普及体系,普及九年义务教育,积极地改善农村办学条件和教育环境,提高教学质量。第二,由政府部门或由返乡创业意愿较强的农民工自发组成的创业协会出资成立培训基地,定期举办创业知识讲座和开办技能培训班,邀请知名创业家、学者、企业家开办讲座向创业农民工讲解相关国家政策法规,传授工商、金融和税务等相关专业知识,培训劳动技能。第三,落实科技下乡工作,提高相关人员待遇及保障,从而使科技下乡工作能够长期化、制度化。鼓励科技人员与返乡创业农民工成为利益共同体,共享收益,共担风险。同时,政府应高度重视农村科技发展事业,在资金、政策等方面给予支持。

(二)加强对返乡农民工的创业培训

政府部门应该积极开展免费创业培训,向返乡农民工传授现代企的经营管理理念,提高创业者的管理和经营素质,增强其应对市场变化的能力,从而树立创业自信心。同时,建设返乡农民工创业培训基地,针对有创业意愿的返乡农民工进行创业理论知识和创业实践能力培训,提高其创业能力和积累创业经验。

（三）提高创业项目选择能力

第一,要建立完善的信息沟通机制,政府部门应该定期通过传统媒体如报纸、广播和电视;新媒体如微博、微信等形式向社会公布一些投资金额小、收益见效快且市场发展前景良好的创业项目。

第二,返乡创业农民工应该了解当地政府政策,并积极响应国家号召,鼓励并支持具有发展前景的行业,在选择创业项目时,应该以市场为导向,增强市场调研能力,开拓创新填补市场空白,生产和提供适合市场需求的具有特色的产品和服务,这样才能使创业项目健康持续地发展。

（四）调整农村经济产业结构

第一,加快建设现代农业产业体系。以市场为导向,以经济效益为中心对传统农业进行技术改造,优化各种生产要素,实行专业化生产、规模化建设,使农业走上自我发展、自我积累、自我约束、自我调节的良性发展轨道的现代化经营方式和产业组织形式,形成农业对资源要素的强大吸引力和充分利用。

第二,以工业化为重心,培育具有持续竞争优势的产业群。要因地制宜,牢牢抓住区域特色竞争优势,发挥人力资源等高级生产要素作用,构筑经济发展平台。大力发展农副产品深加工业,带动相关农业及服务业的发展,加速技术创新。

第三,适应产业转型,扭转农民工大部分从事劳动密集型产业的现状,引进第三产业企业,培养增强农民工从事服务业的意识,鼓励农民工返乡自主创业从事第三产业。

第八章 赣南等原中央苏区农民工返乡创业绩效的影响因素

近年来,农民工创业成为政府关注的重要议题。2012年中央一号文件提出,将农民创业纳入政策扶持范围。2013年,十八届三中全会作出的《中共中央关于全面深化改革若干重大问题的决定》明确指出,鼓励承包地向农业企业流转,支持农村发展合作经济,扶持发展农业规模化和社会化经营。学术界对农民创业问题也进行了大量探讨。鉴于此,本章基于赣南等原苏区农民工创业的调查数据进行分析。首先,在已有文献的基础上,提出相应的研究假说;其次,运用结构方程模型(SEM)考查创业环境对农民工创业绩效的影响,以便为相关部门政策的制定提供依据。

第一节 研 究 假 说

创业环境对企业绩效影响,主要包括以下六个方面。

一、政策支持的影响

政策支持在扶持和引导创业活动方面具有重要作用。Fonseca等(2001)认为,政府政策和法律制度对创业行为有重要影响,创业成本较高的国家或地区,其创业积极性会受到影响。周丽(2006)在构建创业环境评价指标体系的基础上指出,政策法律环境有利于提高创业效率。朱红根等(2013)的研究结果表明,金融环境和政策支持有利于提升农民工创业意愿,从而能够促进农民工创业事业的发展。马海刚等(2008)实证研究乡镇企业绩效的影响因素,结果表明,政策支持是影响乡镇企业绩效的重要因素。谭颖等(2009)研究指出,政策支持在客观创业环境中具有重要影响,是提高创业成功率的重要措施。朱红根(2012)认为,政策资源的获取对农民工返乡创业绩效具有正向促进作用,并且对初创企业的影响大于已达到一定水平的企业。吴新慧等(2013)研究发现,政策因素显著影响创业绩效,良好、宽松的社会政策会促进新生代农民工城市创业的发展。因此,本章提出假说1(H1):政策支持对农民工创业绩效有正向影响。

基于以上分析我们提出以下假设:

假设a1:政府服务观念对创业绩效有正向影响。

假设a2:优惠政策对创业绩效有正向影响。

假设a3:法律政策对创业绩效有正向影响。

假设a4:发展扶持对创业绩效有正向影响。

二、融资环境的影响

良好的金融环境对创业活动起到至关重要的作用。Timmons(1999)认为,地区的融资环境对创业企业的持续发展具有至关重要的作用。Demirguc等(1998)研究发现,金融体系越发达,越有利于企业绩效的提升。Meier等(1994)发现,发展中国家不完善的金融体系是潜在创业者取得成功的最大障碍。王辉(2007)提出,加大财政税收扶持力度,积极拓宽中小企业的融资渠道是促进中小企业发展的重要途径。易朝辉(2010)研究发现,通过加大银行贷款的支持力度可以提高新创企业的资源整合能力,有利于企业快速成长。彭安明等(2013)在分析农民工返乡创业资金不足的基础上,提出要加大财政支持力度和完善农村金融体系,以促进农民工创业事业的发展。张应良等(2013)研究表明,贷款难易度对农民工创业绩效有非常显著的影响,创业贷款越容易,越有利于提高农民工创业绩效。因此,本章提出假说2(H2):金融服务环境对农民工创业绩效有正向影响。

基于以上分析我们提出以下假设:

假设b1:社会融资机制对创业绩效有正向影响。

假设b2:公平的融资政策对创业绩效有正向影响。

假设b3:多样化的融资渠道对创业绩效有正向影响。

假设b4:充足的政府补助提供对创业绩效有正向影响。

三、社会资本的影响

社会资本不仅直接影响创业的成功率,还关乎企业创立之后的发展问题。社会资本一方面能使企业有更多的资源获取渠道;另一方面能有效降低企业成长过程中的各种交易成本和经营风险,从而有利于企业绩效的提高。创业的实质就是创业者构建、维护和使用社会资本,获取创业绩效的行为过程。嵌入在社会关系网络中潜在的资源不仅有助于创业者获取创业所需的稀缺资源,而且有助于降低新创企业在运行过程中的经营风险和交易成本,促使企业获得更高的绩效。黄洁等(2012)通过对农村微型企业的研究得出关系网络中强连带数量显著影响农村初创企业绩效,创业农民工应充分利用商业网络中亲戚朋友的资源;与结构嵌入相比,关系嵌入代表着创业农民工实际动员的资源情况,更直接更有效地影响创业行为。因此,本章提出假说3(H3):社会资本对农民工创业绩效有正向影响。

基于以上分析我们提出以下假设:

假设c1:管理层的人际关系对创业绩效有正向影响。

假设c2:企业领导层担任社会职务对创业绩效有正向影响。

假设 c3：企业知名度对创业绩效有正向影响。

假设 c4：企业与上下游企业人际关系对创业绩效有正向影响。

四、服务环境的影响

创业者的文化素质和技能水平在很大程度上影响创业企业的发展。Henry 等(2005)研究发现，创业者的创业技能在很大程度上影响农民工创业绩效。Sandeep 等(2007)认为，技能培训有利于增强创业农民工的人力资本，对农民工创业有重要影响。杨晔等(2007)研究表明，强化创业教育培训和提高创业技能是促进中小企业发展的重要途径。朱秀梅等(2010)研究发现，知识资源对新创企业财务和成长绩效具有正向影响。朱红根等(2012)利用结构方程模型分析农民工返乡创业企业绩效的影响因素，研究发现，教育培训对农民工返乡创业企业绩效有直接正向影响。罗明忠等(2012)指出，创业培训能增强农民工创业能力，进而促进农民工创业发展。罗军等(2013)研究发现，农民工创业培训效果正向影响创业绩效，并且创业培训通过作用于农民工创业选择，进而影响创业绩效。因此，本章提出假说4(H4)：科技文化环境对农民工创业绩效有正向影响。

基于以上分析我们提出以下假设：

假设 d1：信息咨询服务对创业绩效有正向影响。

假设 d2：产品销售服务对创业绩效有正向影响。

假设 d3：法律支持对创业绩效有正向影响。

假设 d4：教育培训服务对创业绩效有正向影响。

五、企业家能力

企业家个人创业能力的强弱对于创业绩效的影响是十分显著的，现有的研究表明，企业家的个体特征、创业技能的获取情况对于创业资源的获取有很大的影响，将直接决定创业者进行的创业活动能不能取得成功。Kim 等（2001）通过研究发现，从创业者这个特定的创业个体来看，创业企业家取得创业资源的能力大小对于创业活动的开始起到了关键性的作用，其创业者的个性特征、背景、创业能力的大小对创业活动的持续起到了重要作用。郭军盈（2006）认为，影响农民工进行创业的因素可以分为三种类别，分别为体制性因素、创业面临的外部因素和创业企业家自身具备的素质，农民工自身创业素质的高低直接决定了创业绩效。张根明等（2010）通过实证研究证明了企业家自身具备的创业能力的强弱对企业能够在与同行的竞争中获得优胜地位起到了主要的作用。韩俊（2009）认为，在外闯荡对农民工创办新的企业起到孵化器的作用。农民工外出打工的目的对于农民工来说不只是为了获得劳动报酬那么的简单，更重要的是通过在外打工增加处理实际问题的实践能力、提高自己的创业技术水平和建立自己人脉关系网络，从而能够提升人力资本。因此，本章提出假说5（H5）：企业家能力对农民创业绩效有正向影响。

基于以上分析我们提出以下假设：

假设 e1：领导层的组织能力对创业绩效有正向影响。

假设 e2：激励员工的能力对创业绩效有正向影响。

假设 e3：准确获取客户需求信息的能力对创业绩效有正向影响。

假设 e4：善于抓住商业机会的能力对创业绩效有正向影响。

六、经营资源的影响

企业家通过自身的努力从组织内部或者外部环境中获得创业资源的渠道越通畅，对创业资源的有效利用就越高效，并有利于其创业绩效的提高。

杨文兵（2011）将家庭收入等级的高低看作是一个能反映农民家庭创业环境好坏的指标之一，认为家庭收入等级越高，农民家庭创业的可能性越大。而 Kim 等（2001）则通过研究发现创业企业家个人的财务或者创业资源的拥有状况与是否成为一个创业者没有明显的联系,但是创业活动开始后,创业者实际拥有的资源对创业活动是否能够成功起到了关键作用。Lemer(2008)通过实证研究证明了创业企业面临环境与初创企业绩效之间有相互作用。陈忠卫(2009)也通过实证研究证明了创业环境好坏与能够产生创业活动之间存在很大程度的显著正相关影响。在环境的具体构成因素对创业绩效的研究中,Hansen从组织战略调整的市场环境角度对创业绩效进行了观察,创业面临的商业机会与创业过程中潜在的风险实际上是两种相对立的创业市场环境。创业过程中面临的商业机会是一种正的组织环境,积极的组织环境可以使得决策者发现创业机会并最终从中取得利润进而影响企业绩效。因此,本章提出假说6(H6):经营环境对农民工创业绩效有正向影响。

基于以上分析我们提出以下假设:

假设f1:多样化的销售渠道对创业绩效有正向影响。

假设f2:大量的政策支持对创业绩效有正向影响。

假设f3:充裕的运营资金对创业绩效有正向影响。

假设f4:企业领导层的行业经验对创业绩效有正向影响。

为验证上文提出的假说,构建创业环境对农民工返乡创业绩效影响的模型图(见图8-1)。

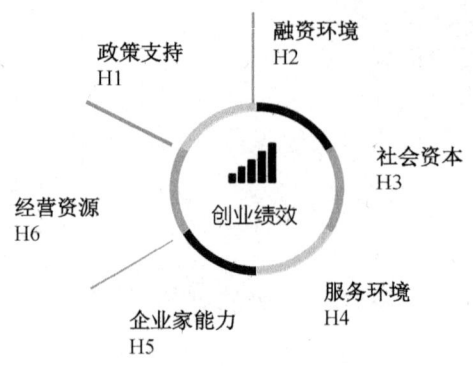

图8-1 创业环境对农民工返乡创业绩效影响模型图

第二节 假设总结

在前文中,我们一共提出了24条假设,所有的假设如下:

假设a1:政府服务观念对创业绩效有正向影响。

假设a2:优惠政策对创业绩效有正向影响。

假设a3:法律政策对创业绩效有正向影响。

假设a4:发展扶持对创业绩效有正向影响。

假设b1:社会融资机制对创业绩效有正向影响。

假设b2:公平的融资政策对创业绩效有正向影响。

假设b3:多样化的融资渠道对创业绩效有正向影响。

假设b4:充足的政府补助提供对创业绩效有正向影响。

假设c1:管理层的人际关系对创业绩效有正向影响。

假设c2:企业领导层担任社会职务对创业绩效有正向影响。

假设c3:企业知名度对创业绩效有正向影响。

假设c4:企业与上下游企业人际关系对创业绩效有正向影响。

假设d1:信息咨询服务对创业绩效有正向影响。

假设d2:产品销售服务对创业绩效有正向影响。

假设d3:法律支持对创业绩效有正向影响。

假设d4:教育培训服务对创业绩效有正向影响。

假设e1:领导层的组织能力对创业绩效有正向影响。

假设e2:激励员工的能力对创业绩效有正向影响。

假设e3:准确获取客户需求信息的能力对创业绩效有正向影响。

假设e4:善于抓住商业机会的能力对创业绩效有正向影响。

假设f1:多样化的销售渠道对创业绩效有正向影响。

假设f2:大量的政策支持对创业绩效有正向影响。

假设f3:充裕的运营资金对创业绩效有正向影响。

假设 f4:企业领导层的行业经验对创业绩效有正向影响。

第三节 样本分析

一、数据来源

本章数据来源于2017年1~3月对赣南等原苏区返乡农民工的调查。本次调查涉及江西省35个县(区)的100家农民工返乡创业企业,共发放问卷100份,回收有效问卷99份,问卷有效率为99%。按创业资源,可分为资源拼凑型、人脉积累型、特色资源型、政府支撑型四种模式;按创业行业,大类上可以分为第一产业、第二产业和第三产业。本章对赣南等原苏区返乡农民工创业模式的分类标准为行业,但按其行业的性质,具体划分为新型农业模式、现代工业企业模式、生产性服务模式、居民消费模式、乡村旅游业模式五种(见表8-1)。问卷内容涉及企业样本特征、绩效影响因素和创业绩效等方面。

表8-1 农民工返乡创业企业模式比例

模式	数量	比例	细分行业
新型农业	24	24.49%	种植、养殖
现代工业企业	11	11.22%	制造业、采矿业
生产性服务	26	26.53%	建筑工程承包、运输等
居民消费	32	32.65%	餐饮、服装、批发零售等
乡村旅游业	5	5.10%	农家乐、旅游

二、样本特征的描述性统计

由表8-2可知,100位创业农民工的平均年龄为40.9岁,其中,31~45岁年龄段的农民工占比60.2%;男性创业者占比95.9%;已婚创业者占比 98.0%;超过一半农民工为初中文化程度,高中文化程度的接近四分之一。

表 8-2 基本特征的描述性统计

统计类别	范围	频数	有效百分比
年龄	30 岁及以下	10	10.2%
	31～45 岁	59	60.2%
	46～55 岁	26	26.3%
	56 岁及以上	4	4.1%
性别	男	95	95.9%
	女	4	4.1%
婚姻状况	已婚	97	98.0%
	未婚	2	2.0%
文化程度	文盲	2	1.7%
	小学	11	2.0%
	初中	59	59.6%
	高中	24	24.49%
	中专及以上	3	3.1%

三、测量变量的描述性统计

可知政策支持、融资环境、社会资本、服务环境、企业家能力、经营资源和农民工创业绩效都是潜变量,所以,本章采用李克特 5 级量表法进行测量。回答选项设有"完全符合""符合""不确定""不符合""完全不符合",相应赋值分别为 5、4、3、2、1。测量变量的描述性统计如表 8-3 所示。

表 8-3 测量变量的描述性统计表

因子	编号	测量变量	均值	标准差
政策支持	a1	政府服务观念	4.58	0.573
	a2	优惠政策	4.68	0.512
	a3	法律政策	4.54	0.66
	a4	发展扶持	4.65	0.54
融资环境	b1	社会融资机制	4.54	0.628
	b2	公平的融资政策	4.59	0.623
	b3	多样化的融资渠道	4.54	0.611
	b4	充足的政府补助提供	4.49	0.629
社会资本	c1	管理层的人际关系	3.78	1.102
	c2	企业领导层担任社会职务	3.63	1.112
	c3	企业知名度	3.00	1.143
	c4	企业与上下游企业人际关系	2.70	1.863
服务环境	d1	信息咨询服务	4.63	0.564
	d2	产品销售服务	4.49	0.645
	d3	法律的实施	4.37	0.694
	d4	教育培训服务	4.53	0.595
企业家能力	e1	领导层的组织能力	4.59	0.606
	e2	激励员工的能力	4.46	0.675
	e3	准确获取客户需求信息的能力	4.47	0.628
	e4	善于抓住商业机会的能力	4.33	0.670
经营资源	f1	多样化的销售渠道	4.44	0.593
	f2	大量的政策支持	4.46	0.611
	f3	充裕的运营资金	4.47	0.660
	f4	企业领导层的行业经验	4.45	0.643
返乡创业绩效	P1	营业收入	4.58	0.573
	P2	盈利水平	4.68	0.512
	P3	市场份额	4.54	0.660
	P4	员工增长率	4.65	0.540
	P5	员工满意度	4.54	0.628

第四节 实 证 分 析

一、信度和效度检验

信度是指测量变量对测量主体的测量结果具有的一致性程度和可靠性程度的大小。信度的大小反映了测量的准确性和正确性,信度越高,其量表的稳定性越强,我们采用系数来衡量信度,信度系数是李·克隆巴赫提出的。在本研究中,信度要大于 0.8 才表示可接受,但是对于探索性研究,信度只要达到 0.7 就表示可接受,低于 0.35 则为不可信。效度是指测量指标能测出测量主体的程度大小。效度又可以分为内容效度、效标效度和结构效度这三大主要类型。其中内容效度和效标效度比较受限,往往难以实现,多用结构效度指标来测量。在对假设进行检验之前我们要对样本数据的信度和效度进行分析,较好的数据信度以及效度才能反映数据的稳定性和可靠性,才能进行后续的分析。对于验证性因素分析来说,我们采用 Cronbach's α 值来进行检验,当 Cronbach's α 信度系数值大于 0.7 代表数据的信度较高。当 Cronbach's $\alpha>0.8$ 时,数据的可靠性较高;如果剔除某个变量之后,CITC 值升高,则应该剔除此变量。

应用统计分析软件对数据进行分析得到表 8-4。

表 8-4 数据的信度检验

可靠性统计		
克隆巴赫系数	基于标准化项目的 克隆巴赫系数	项数
0.827	0.834	29

根据模型分析得到 Cronbach's α 值为 0.827,说明数据有良好的信度。

二、因子分析

（一）创业绩效影响因素因子分析

研究数据测量变量的公共因子已确定为政策支持、融资环境、社会资本、服务环境、企业家能力、经营资源，得到 KMO 值为 0.815，Bartlett 的球形度检验值为 433.740，概率 P 值为 0.000，满足了因子分析的适用条件，说明各个因素之间的相关性较弱，适合做因子分析。球形度检验显著性结果为 0.000（小于 0.01），拒绝了相关系数矩阵为单位矩阵的原假设，表明本量表的数据可以进行因子分析。结果如表 8-5 所示。

表 8-5　创业绩效影响因素模型的信度检验

KMO 和球形度检验		
KMO 取样适切性量数		0.815
Bartlett 的球形度检验	上次读取的卡方	433.470
	自由度	276
	显著性	0.000

采用限定因子法进行分析，限定因子数量为 6，由表 8-6 可知，这 6 个因子累计贡献率达到 73.266%，即 6 个因子对原有变量具有较强的解释能力。

表 8-6　创业绩效影响因素因子载荷

因子	编号	测量因子	载荷	贡献率	累计贡献率
政策支持	a1	政府服务观念	0.6	12.057	12.057
	a2	优惠政策	0.67		
	a3	法律政策	0.79		
	a4	发展扶持	0.69		

（续表）

因子	编号	测量因子	载荷	贡献率	累计贡献率
融资环境	b1	社会融资机制	0.759	15.062	27.119
	b2	公平的融资政策	0.893		
	b3	多样化的融资渠道	0.595		
	b4	充足的政府补助提供	0.520		
社会资本	c1	管理层的人际关系	0.785	12.087	39.206
	c2	企业领导层担任社会职务	0.663		
	c3	企业知名度	0.623		
	c4	企业与上下游企业人际关系	0.639		
服务环境	d1	信息咨询服务	0.857	13.922	53.128
	d2	产品销售服务	0.818		
	d3	法律的实施	0.724		
	d4	教育培训服务	0.892		
企业家能力	e1	领导层的组织能力	0.687	13.222	66.350
	e2	激励员工的能力	0.732		
	e3	准确获取客户需求信息的能力	0.420		
	e4	善于抓住商业机会的能力	0.477		
经营资源	f1	多样化的销售渠道	0.898	7.916	73.266
	f2	大量的政策支持	0.798		
	f3	充裕的运营资金	0.878		
	f4	企业领导层的行业经验	0.746		

（二）创业绩效因子分析

研究数据测量变量的公共因子已确定为农民工返乡创业绩效,得到KMO值为0.875,Bartlett的球形度检验值为46.387,概率P值为0.000,满足了因子分析的适用条件。球形度检验显著性结果为0.000

(小于 0.01),拒绝了相关系数矩阵为单位矩阵的原假设,表明本量表的数据可以进行因子分析。结果如表 8-7 所示。

表 8-7 创业绩效的信度检验

KMO 和球形度检验		
KMO 取样适切性量数		0.875
Bartlett 的球形度检验	上次读取的卡方	46.387
	自由度	10
	显著性	0.000

采用限定因子法进行分析,限定因子数量为 1,由表 8-8 可知,这 5 个测量因子累计贡献率达到 78.252%,即 5 个因子对原有变量具有较强的解释能力。

表 8-8 创业绩效因子载荷

因子	编号	测量因子	载荷	累计贡献率
返乡创业绩效	P1	营业收入	0.840	78.252
	P2	盈利水平	0.845	
	P3	市场份额	0.707	
	P4	员工增长率	0.898	
	P5	员工满意度	0.822	

三、结构方程模型分析

(一)模型适配度检验

结构方程模型拟合度可以通过一组拟合指数来衡量,具体包括:绝对指数,通常选用卡方自由度比(CMIN/DF)、拟合优度指标(GFI)、调整拟合优度指标(AGFI)和近似误差均方根(RMSEA);相对指数,主要包括规范拟合指数(NFI)、比较拟合指数(CFI)、增值拟合指数(IFI)和相对拟合指数(RFI);简约指数,一般包括简约规范拟合指标(PNFI)和简约比较拟合指标(PCFI)等。运用 AMOS 17.0 软件进行结构模型检验,得到本章模型的拟合指标(见表8-9),可见,本章的结构方程模型拟合情况基本达到适配标准。

表8-9 结构模型拟合指标

拟合度	拟合度指标	判断准则
绝对指数	CMIN/DF = 2.457	在1~3可以接受
	GFI = 0.832	0.5＜GFI＜1,越接近1越好
	RMSEA = 0.061	RMSEA＜0.08,表示非常好
	AGFI = 0.797	0.5＜AGFI＜1,越接近1越好
相对指数	NFI = 0.864	0.5＜NFI＜1,越接近1越好
	RFI = 0.844	0.5＜RFI＜1,越接近1越好
	IFI = 0.914	0.5＜IFI＜1,越接近1越好
	CFI = 0.913	0.5＜CFI＜1,越接近1越好
简约指数	PNFI = 0.754	0.5＜PNFI＜1,越接近1越好
	PCFI = 0.797	0.5＜PCFI＜1,越接近1越好

(二)结构方程模型估计结果

利用AMOS 17.0软件分析创业环境对农民工创业绩效的影响,得到政策支持、融资环境、社会资本、服务环境、企业家能力和经营资源6个因素对农民工创业绩效影响的路径图,如图8-2所示。

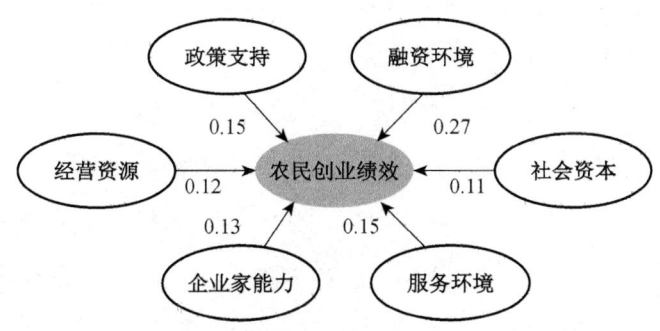

图8-2 创业环境对农民工创业绩效影响的作用路径

表8-10列出了6个因素对农民工创业绩效影响的标准化路径系数

和假说检验结果。

表 8-10 假说检验结果

路径	预期方向	总效应	直接效应	间接效应	检验结果
政策支持→创业绩效	+	0.15	0.15	—	成立
融资环境→创业绩效	+	0.27	0.27	—	成立
社会资本→创业绩效	+	0.11	0.11	—	成立
服务环境→创业绩效	+	0.15	0.15	—	成立
企业家能力→创业绩效	+	0.13	0.13	—	成立
经营资源→创业绩效	+	0.12	0.12	—	成立

根据对农民工创业绩效影响结构方程模型的估计结果可知：

(1) 政策支持对农民工创业绩效有显著正向影响。政策支持对农民工创业绩效具有正向影响效应，即强有力的政策支持能显著提升农民工创业绩效。政府的办事效率越高，法律制度越完善，能够为农民工创业提供良好的创业环境。政府服务观念、优惠政策、法律政策、发展扶持等都有利于农民工返乡创业绩效的提高。

(2) 融资环境是影响农民工创业绩效的重要因素。融资对农民工创业绩效具有正向影响效应，即良好的融资环境能显著提升农民工创业绩效。其原因可能是：融资环境越好的地区，融资渠道越多，可获得的信贷资金会越多，运营资金的灵活性会增强，农民工创业企业发展所需资金能及时得到满足，有助于农民工返乡创业绩效的提高。

(3) 社会资本对农民工创业绩效有正向影响。社会资本对农民工创业绩效具有正向影响效应，即良好的社会资本能显著提升农民工创业绩效。其原因可能是：社会资本越好的企业，管理层的人际关系越好、企业领导层担任社会职务越多、企业知名度越高、企业与上下游企业人际关系越好，有助于农民工返乡创业绩效的提高。

(4) 服务环境对农民工创业绩效有正向影响。服务环境对农民工创业绩效具有正向影响效应,即良好的服务环境能显著提升农民工创业绩效。服务环境越好的地区,信息咨询服务、产品销售服务、法律的实施、教育培训服务越好,更能有效提高农民工创业绩效。

(5)企业家能力对农民工创业绩效有正向影响。企业家能力对农民工创业绩效具有正向影响效应,即良好的企业家能力能显著提升农民工创业绩效。领导层的组织能力、激励员工的能力、准确获取客户需求信息的能力、善于抓住商业机会的能力越高,有助于农民工返乡创业绩效的提高。

(6)经营资源对农民工创业绩效有正向影响。经营资源对农民工创业绩效具有正向影响效应,即良好的经营资源能显著提升农民工创业绩效。多样化的销售渠道、大量的政策支持、充裕的运营资金、企业领导层的行业经验等有助于农民工返乡创业绩效的提高。

第五节 本章小结

本章基于赣南等原苏区农民工创业调查数据,采用结构方程模型分析创业环境对农民工创业绩效的影响,得出如下结论。

分析创业环境对农民工创业绩效的影响,得到政策支持(H1)、融资环境(H2)、社会资本(H3)、服务环境(H4)、企业家能力(H5)和经营资源(H6)有显著影响的结论。

假设 a1 政府服务观念、假设 a2 优惠政策、假设 a3 法律政策、假设 a4 发展扶持、假设 b1 社会融资机制、假设 b2 公平的融资政策、假设 b3 多样化的融资渠道、假设 b4 充足的政府补助提供、假设 c1 管理层的人际关系、假设 c2 企业领导层担任社会职务、假设 c3 企业知名度、假设 c4 企业与上下游企业人际关系、假设 d1 信息咨询服务、假设 d2 产品销售服务、假设 d3 法律的实施、假设 d4 教育培训服务、假设 e1 领导层的组织能力、假设 e2 激励员工的能力、假设 e3 准确获取客户需求信息的能力、假设 e4 善于抓住商业机会的能力、假设 f1 多样化的销售渠道、假设 f2 大量的政策支持、假设 f3 充裕的运营资金、假设 f4 企业领导层的行业经验均成立。

第九章 赣南等原中央苏区农民工返乡创业扶持政策满意度分析

从 2007 年开始，农民工创业现象逐渐受到国家层面的重视，以农民工创业扶持为目的的政策体系也逐渐形成。特别是 2008 年金融危机的爆发所引发的大量农民工失业返乡现象，国家有关政府给予高度重视，一系列农民工创业相关的扶持政策陆续出台。从我国出台的国家层面的农民工创业政策来看，一开始，国家并没有把农民工作为单独的群体，而是与大学生和其他失业人员划在一个圈子里，因为这时候政府对农民工问题的认识还不够深入，还未细致研究不同群体创业的个性化需求。随着学术界与政界对农民工创业问题研究的深入，人们逐渐认识到农民工这个特殊群体的特征与需求特点。于是，国家开始针对农民工这一特定群体出台创业激励和扶持政策。随着城乡统筹的深入及各种主体创业的发展，我国政府开始利用普惠性政策与专项政策相结合的手段，激励和扶持大众创业，拉开了大众创业、万众创新的时代帷幕。赣南等原苏区农民工创业政策的时间集中在 2008—2009 年以及 2015 年。在 2008—2009 年间，政策内容主要包括提供小额担保贷款、免费创业培训、税费减免、打造农民工返乡创业"十百千万"工程等。2008—2009 年该阶段政策体系尚不完善、扶持力度较小，且无后续跟进政策。

2012年6月28日,《国务院关于支持赣南等原中央苏区振兴发展的若干意见》出台。至2015年,随着国家新一轮创业浪潮的涌现,政府积极出台落实国家关于大众创业、万众创新意见的政策,以期进一步促进本省农民工创业,《江西省赣南等原中央苏区振兴发展2017年工作要点》已经省赣南等原苏区振兴发展工作领导小组第六次会议审定同意。

第一节 农民工返乡创业政策内容

一、产业发展政策

全面落实市委、市政府"黄金19条"及县委、县政府"1+11"创业创新扶持政策,全力实施"8663"(即打造八大创业创新公共平台、培育六类创业创新主体、构建六项创业创新工作机制、力推三类开放合作创业创新模式)创业创新行动计划,为推进创业创新提供政策保障和支撑。充分利用各类政策、资金、项目和资源,采取政策扶持、典型培训、环境优化等措施,发挥政策叠加效应,着力培育市场前景好、示范作用强、带动效应明显的创业创新市场主体。按照"非禁即准、非限即许"的原则,鼓励返乡人员发展各类事业,为返乡创业开辟"绿色通道"。简化行政审批程序,全面推行政务服务"一窗办、一网办、简化办、马上办",不断优化营商环境。探索实施"一址多照"、集群注册等住所登记制度,全面实行"多证合一""一照一码"注册登记。

二、项目支持政策

紧抓省政府2 500亿元的农村人居环境、产业扶贫、产业发展基金专项贷款工程政策机遇,全面加强与国开行、农发行等金融机构的战略合作,积极争取投资7.5亿元的农村人居环境综合治理工程、30亿元的产业扶贫专项贷款和10亿元的产业发展引导基金,全力实施一批现代农业、生态工业、商贸物流业、旅游文化等富民产业专项贷款和基金项目,积极发挥银行绿色信贷对促进实体经济持续健康发展和产业转型升级的支持作用,推动形成一批多产业融合发展的产业集群,增强县域经济实力,为推进农民工等人员返乡创业试点工作提供强有力的保障。

三、资金扶持政策

资金扶持政策包括担保贷款、生活补助、培训补贴、税费减免等,具体金额依据不同地方的具体政策而定。凡属于返乡创业的,个人最高可获担保贷款10万元,小微企业最高额度400万元。推动新型创业创新平台建设,拓宽创业投融资渠道,支持创业担保贷款发展。进一步完善"助保贷"平台,健全风险补偿机制,拓展企业入池规模,着力解决中小企业资金短缺、发展后劲不足的问题。对返乡人员所创办企业,当年新招用登记失业人员达到一定比例,并与其签订一年以上期限劳动合同的劳动密集型企业,可提供200万元以内、期限不超过两年的创业担保贷款,由财政部门按照基准利率的50%提供贴息。同时优化贷款审批流程,对符合条件的返乡人员,可按规定给予10万元创业担保贷款并安排贷款贴息资金。

四、创业园建设政策

制定返乡创业园区和孵化示范基地建设标准和管理办法,符合条件的驻园(基地)企业主体享受小微企业、返乡创业等相关扶持政策。从有效发挥市场主体作用、拓展就业岗位、加强重点群体就业扶持、提升就业扶贫精准性、优化就业资金支出、引导和鼓励大学生基层就业创业等方面进一步完善返乡创业政策体系。同时,采取有力措施,推动已经出台的各项政策落地见效,使一系列富有"含金量"的政策"组合拳",成为促进返乡创业的强劲动能。

五、土地优惠政策

支持返乡下乡人员按照相关用地政策,开展设施农业建设和经营。落实大众创业、万众创新、现代农业、农产品加工业、休闲农业和乡村旅游等用地政策。在符合农村住宅管理规定和相关规划的前提下,允许返乡下乡人员和当地农民合作改建自住房。县级人民政府可在年度建设用地指标中单列一定比例专门用于返乡下乡人员建设农业配套辅助设施。支持返乡下乡人员依托自有和闲置农房院落发展农家乐。在符合土地利用总体规划的前提下,通过调整存量土地资源,缓解返乡下乡人员创业创新用地难问题。鼓励返乡下乡人员依法以入股、合作、租赁等形式使用农村集体土地发展农业产业,依法使用农村集体建设用地开展创业创新。城乡建设用地增减挂钩政策腾退的建设用地指标,以及通过农村闲置宅基地整理新增的耕地和建设用地,重点支持返乡下乡人员创业创新。农林牧渔业产品初加工项目在确定土地出让底价时可按不低于所在地土地级别相对应全国工业用地出让最低价标准的70%执行。支持返乡下乡人员与农村集体经济组织共建农业物流仓储等设施。鼓励利用荒地和厂矿废弃地、砖瓦窑废弃地、道路改线废弃地、闲置校舍、村庄空闲地等用于返乡下乡人员创业创新。

六、社会保障政策

返乡人员可在创业地按相关规定参加各项社会保险,有条件的地方要将其纳入住房公积金缴存范围,将其子女纳入城镇(城乡)居民基本医疗保险参保范围。对返乡创业的就业困难人员、离校未就业高校毕业生以灵活就业方式参加社会保险的,可给予社会保险补贴。对返乡创业人员创业失败后生活困难的,可按规定享受社会救助。持有居住证的返乡创业人员的子女可以在创业地接受义务教育,依地方相关规定接受普惠性学前教育。

七、人员培训政策

地方各级人民政府要将返乡下乡人员创业创新培训经费纳入财政预算。建立各类专家对口联系制度,对返乡下乡人员及时开展技术指导和跟踪服务。采取线上学习与线下培训、自主学习与教师传授相结合的方式,开辟培训新渠道。建立返乡下乡人员信息库,有针对性地确定培训项目,实施精准培训,提升其创业能力。鼓励各类培训资源参与返乡下乡人员培训,支持各类园区、星创天地、农民合作社、中高等院校、农业企业等建立创业创新实训基地。加强创业创新导师队伍建设,从企业家、投资者、专业人才、科技特派员和返乡下乡创业创新带头人中遴选一批导师。实施农民工等人员返乡创业培训五年行动计划和新型职业农民培育工程、农村青年创业致富"领头雁"计划、贫困村创业致富带头人培训工程,开展农村妇女创业创新培训,让有创业和培训意愿的返乡下乡人员都能接受培训。

第二节 农民工返乡创业政策的作用

政府出台的创业政策在一定程度上提高了农民工返乡创业的热情,提升了他们的创业信心。

一、增强农民工返乡创业信心

创办企业"零成本"注册、加大财政扶持、减免行政收费和税收,这些政策都给农民工一个企业更容易办的认识。提供小额贷款贴息、创建农民工创业园、组织创业培训,这些让广大农民工看到了创业成功的希望。这些举措在一定程度上消除了很多农民工想创业又不知道怎么创业的疑惑,打消了没有足够资金、没有场地、不懂经营管理的后顾之忧。

二、降低了农民工返乡创业成本

创业政策的出台打消了返乡农民工创业的各种顾虑,为农民工提供就业指导和服务外,也实实在在地降低了农民工的创业门槛。不管是现金补贴还是税费减免都给农民工在创业之初多了一份资金保障。小额贴息贷款虽然手续繁琐、金额不大却也在一定程度上解决了创业初期融资难的问题,减轻了企业的财务成本压力。增值税、社会保险费等优惠政策使利润率并不高的小企业能够更好地生存。

三、健全了农民工返乡创业平台

农民工创业园等基地的建设及创业指导和政策咨询服务地提供,让农民工创业渠道和创业形式更加多样化。现在很多农民工开始利用国家和地区的一些资金和政策等优势开始创业,一部分农民工回到家乡,通过农村承包土地经营权的合法流转,集中了较多的可供创业的土地资源,发展规模农业。同时,利用"人无我有、人有我优"的资源和规模优势、独特的自然地理环境条件以及科技的力量,面向市场需求,开发特色农业项目,如观光农业、生态农业、品牌农业等,以提高农业产品的附加值,扩大农业产业链。据调查,返乡农民工约有29.59%在农业领域创业。

第三节 赣南等原中央苏区农民工返乡创业政策效果评价

公共政策制定后,从其实际运行过程看,需要经过宣传、推广再落实到政策客体,政策主体根据政策客体的反应作进一步调整和改进。因此,好的政策不仅是政策内容好,更是政策执行落实得好。赣南等原苏区出台的一系列扶持政策虽然在农民工返乡创业中起到了一定的促进和推动作用,但这些政策是否全面落实到位,是否收到预期的效果,返乡农民工是否真正得到实惠,还需要进一步的深入调查。此次问卷调查中,笔者重点围绕"政策宣传推广了吗?""政策落实到位了吗?""政策收效如何?""哪些政策是重要的?"四个方面设计了问卷,争取从政策知晓度、政策利用度、政策满意度、政策重要度四个维度,了解返乡创业农民工对当前相关政策的评价情况。

在 2017 年 8~12 月份的实地访谈过程中,发现赣南等原苏区农民工创业工作机构基层人力资源相对不足。部分农民工创业工作部门或机构工作人员表示人员不够,政策事务繁多,许多政策内容,如项目支持、信息咨询等受到人力资源的限制,根本无法充分有效地执行。另外,项目支持政策需要专业人才作为指导,但赣南等原苏区整体经济发展水平比较落后,基层政府部门工作人员待遇不高,高端专业人才不愿到基层服务。人力的匮乏必然导致相关政策执行力度较弱。例如创业培训,当前农民工创业培训内容多局限于课堂理论知识的讲解,未能走到现场,因地施教,提供有效的个性化服务。更有甚者在寻访农民工创业工作办事处时发现该办公处已废弃多年,询问其他相关部门工作人员得到的答案多是"不归我们管,具体情况不太了解"。其直接结果就是赣南等原中央苏区农民工创业者对相关创业政策的整体知晓度和利用度均不高。

一、农民工对返乡创业政策的知晓度

判断返乡创业政策是否落实到位,首先必须了解农民工是否知道、熟悉这些创业政策。如果农民工对政府出台的创业政策闻所未闻,很难想象他们会使用这些政策。调查农民工对政策的知晓度,主要是反映政府部门对相关政策的宣传效果。调查显示(见表 9-1),仅有 8.4% 的农民工创业者了解大部分创业政策,3.8% 的农民工创业者很熟悉相关创业政策,大多数创业者只是了解一些或者是听说过但不了解,

15.4%的创业者则表示从未听说过相关创业政策。利用程度最高的政策也仅有30.1%,只有部分农民工同时利用多项政策。在熟悉或比较了解的创业者中,其了解的政策主要集中在工商手续简化等方面,而对项目支持、信贷支持、税费减免等方面的扶持政策不太了解。根据调查了解的情况,大多数返乡创业农民工表示,平常对政府出台的政策关注得不多,同时也不清楚可以通过哪些渠道收集政策信息。这也说明了政府相关部门对政策的宣传力度不够,很多文件只在政府机关内部流转,没有很好地将政策信息传递给返乡农民工。

表9-1 农民工创业者对创业政策的整体知晓度

知晓度	频数	百分比
不知道	49	15.4%
听说但不了解	170	36.2%
了解一些	194	36.3%
了解大部分	44	8.4%
很熟悉	13	3.8%

二、农民工对返乡创业政策的利用度

如果返乡创业农民工知道相关政策,那么还要了解创业者是否利用了这些政策。在此次调查的100名返乡创业者中,有47位创业者表示利用过返乡创业政策,占47.6%;53位创业者没有利用过返乡创业政策,约占52.4%。在47位使用过创业政策的返乡农民工中,就具体的每一类创业政策而言,首先是工商手续简化政策的利用度最高,达到30.1%;其次是税费减免,为20.2%;再次是创业园区建设,为13.4%。而项目支持、创业培训和信贷支持政策利用度较低,分别为7.2%、4.6%、7.8%。从调查中了解到,一些返乡创业农民工多是在到政府部门办理登记审批时才知道有优惠政策,而对贷款利息补贴、创业项目指导等方面则鲜有问津。

表 9-2　返乡创业农民工使用政策类别情况

政策项目	占比
创业培训	4.6%
项目扶持	7.2%
信息咨询	11.4%
税费减免	20.2%
用地优惠	3.2%
信贷扶持	7.8%
工商手续简化	30.1%
创业园区建设	13.4%
其他	2.1%

三、农民工对返乡创业政策的满意度

本章采用李克特 5 级量表法进行测量。回答选项设有"完全满意""满意""一般满意""不满意""完全不满意",相应赋值为 5、4、3、2、1。测量变量的描述性统计如表 9-3 所示。

表 9-3　创业政策满意度

政策项目	均值
创业培训	2.5
项目扶持	2.4
信息咨询	2.4
税费减免	3.6
用地优惠	3.2
信贷扶持	2.3
工商手续简化	3.8
创业园区建设	3.4
对创业支持政策的总体满意度	3.2

由表 9-3 可知返乡农民工对创业支持政策的总体满意度为 3.2,对

创业培训、项目扶持、信贷扶持的满意度均不高。为了验证数据的可信度,进行信度检验。较好的数据信度和效度才能反映数据的稳定性以及可靠性,才能进行后续的分析。对于验证性因素分析来说,我们采用 Cronbach's α 值来进行检验,认为 Cronbach's α 信度系数值大于 0.7 代表数据的信度较高。如果剔除某个变量之后,CITC 值升高,则应该剔除此变量。运用 SPSS 24.0 软件计算,本章数据的 Cronbach's α 值为 0.823,且 CITC 值最大,显示问卷数据的可信度较理想(见表 9-4)。

表 9-4 数据的信度检验

可靠性统计		
克隆巴赫系数	基于标准化项目的克隆巴赫系数	项数
0.823	0.834	9

虽然政府已经充分认识到了农民工返乡创业不仅对个人有利,能在解决个人就业问题的基础上,使个人能力得到最大限度的发挥,同时创业企业对人才的需求能够解决周围人的就业问题,从而带动周边经济的发展。因此政府也出台了各项积极的创业鼓励政策措施来引导农民工返乡创业,赣南等原苏区很早就认识到了农民工返乡创业对经济发展的积极带动作用,是最早将再就业扶持政策由大学生和城镇失业人口推广到农民工的省份,政府及相关部门十分重视农民工的返乡创业,但是在政策的推广落实中还是存在着不少的问题和困难,以至于农民工对部分政策的满意度不是很高。这在我们的调查数据中得到了很好的体现,如信贷扶持满意度平均值仅为 2.3%,这与政府的期望相差甚远。总体满意度均值也没有达到总体预期效果,在今后的工作中政府需要加大落实力度,以达到最佳效果。

四、农民工返乡创业最需要的扶持政策

根据问卷数据,农民工返乡创业最需要的扶持政策如表 9-5 所示。

表 9-5　农民工返乡创业最需要的扶持政策

最需要政府在哪些方面扶持	占比
创业培训	10.3%
项目扶持	3.9%
信息咨询	11.23%
税费减免	4.7%
用地优惠	19.6%
信贷扶持	34.6%
工商手续简化	5.3%
创业园区建设	4.6%
其他	2.57%

用地优惠、信息咨询、信贷扶持、创业培训的呼吁度较高，主要原因有以下几点：

(一)基础设施滞后，亟须创业用地优惠

当前，国家对城镇工业用地的限制越来越严，在该种背景下地方政府一般会先满足大型企业和招商引资项目的用地需求。虽然赣南等原苏区建设了工业经济园区，但均设置了企业入园标准，达不到一定投资规模的企业不能入驻园区。农民工返乡创办企业大多是小微企业、个体企业，不论是产值和用工数量很难具备入驻工业园区的条件，一方面加剧了农民工创业用地的矛盾；另一方面也享受不到工业园区提供的厂房租金减免等优惠政策。在调查中发现，大部分农民工创办的企业选择在乡镇、城市郊区，普遍存在道路过窄、水电设施较差、信息不畅通等问题，如果农民工投入资金完善这些基础设施就需要增加成本投入，如果置之不理又会影响企业的生产经营。尤其在农村从事规模种养殖的创业者表示，由于交通不便、信息不畅，在一定程度上降低了企业的利润和市场竞争力，使企业发展的不稳定风险加大。

(二)对市场的把握不准，亟须创业信息服务

随着当前物流、信息流的加快，企业的发展更多的是依赖信息。返

乡创业农民工往往没有足够的时间和精力去收集、整理、分析与其产品、产业相关的市场信息,迫切需要一个行业信息中心为其生产经营决策服务。从赣南等原苏区情况来看,政府在这方面的作用还没有得到有效发挥,同时农民工创办的企业多与其务工经历相关,项目产品单一,既没有行业协会,也没有信息服务中介。这种市场信息不明的情况或多或少都会对企业决策产生影响。同时,从事农业规模化的创业农民工表示更需要及时的市场信息,因为农产品生产周期较长,价格的波动较大,对企业的生产影响比较大。

(三)缺乏后续资金,亟须创业信贷扶持

资金短缺是目前农民工返乡创业中普遍遇到的问题。在创办企业后,农民工基本将外出务工积蓄用完,如要维持企业的正常经营或者扩大生产规模,如何筹措资金就成了难题。从当前的市场环境看,后续资金来源主要是银行贷款和民间融资。由于受企业规模、信用条件和银行风险防控等因素的制约,农民工很难从银行获得贷款。如果从民间借贷,其利率成本往往是农民工创办企业利润难以承受的。加之地方财政有限,要在企业达到一定规模、产生较大经济社会效益时,政府才会给予适当的资金帮扶。调查中了解到,部分农民工返乡创办的企业由于资金链断裂一度停产,这给处于创业初期的农民工很大的打击。

(四)管理能力不够,亟须创业培训指导

农民工创业前,在外多从事以手工操作为主、技术含量较低的工作,能够走上管理岗位、积累管理经验的毕竟是少数。当从务工者转变为创业者后,他们在生产或管理岗位上积累的经验往往不能满足创业的需要,因为他们不仅要负责产品生产销售接受市场的考验,还要学会怎样与政府部门等各方面打交道,这就需要培训与指导。而当前地方政府的培训重点主要是提升农民工的劳动技能。对返乡农民工的创业培训较少,而且理论性较强,缺乏针对性和实践性,基本是"走过场"的状态。

(五)企业用工紧张,亟须稳定用工来源

农民工返乡创办的企业多数是投资小、成本低、灵活性高的劳动密集型企业,需要的是普通劳动工人及初中级技术工人,对劳动者的技能要求不高。在调查中,部分企业表示返乡创业主要考虑的是家乡的人力成本低,招工容易,没想到家乡用工也这么紧张。同时,一些企业还表示,当前工人的流动性比较大,可能在一个企业干不了几个月就走了,企业又要花时间精力到处找人,影响企业的正常生产经营。

第四节　本　章　小　结

从市场准入、财政扶持、税费减免、土地供应、金融支持等多个方面出台了农民工返乡创业政策措施,起到了一定的引导和促进作用。但从调查结果看,农民工返乡创业政策整体效果不高。其中,51.6%的创业者不太了解创业政策;仅有47.6%的创业者享受过创业政策;从享受过相关扶持政策创业者的态度看,政策总体满意度不高;当前农民工返乡创业面临的最大障碍是缺乏后续资金、市场行情把握不准、基础设施滞后、管理经营能力不够、用工紧张等问题,亟须政府在信贷扶持、用地优惠、信息咨询、创业培训等方面进行重点扶持。

第十章 赣南等原中央苏区农民工返乡创业扶持机制设计

第一节 提高服务意识,构建完善的沟通机制

一、建立信息交流平台,拓宽信息渠道

很多地方对赣南等原苏区农民工返乡创业活动的认识不到位,把招商引资作为拉动本地区经济增长的主要途径,并没有真正意义上将扶持赣南等原苏区农民工返乡创业作为重要的一部分。经过几轮的改革,政府推出了很多鼓励支持新生代农民工返乡创业的措施,但返乡创业的农民工并不知悉,并没有在广大城镇农村地区得到广泛的普及和响应,在对信息的采集与宣传上没有做到及时公开,创业活动的信息获取渠道是否畅通对创业的成败影响极为重要。

很多返乡创业的农民工对相关政策消息知悉比较慢,获取渠道也较狭窄。乡镇政府应通过印发宣传报、在政府设立信息专栏等途径,及时向返乡农民工创业者传递各种信息,帮助返乡创业农民工开拓更加广阔的市场,做好创业项目,将企业做大做强。与此同时,通过建立一些公益性的创业服务平台,广泛地进行收集和发布创业者需要的信息,帮

助赣南等原苏区返乡农民工及时了解和掌握当下创业的政策热点。这些创业指导、咨询信息和服务，能够让赣南等原苏区农民工熟悉与创业有直接联系的最新支持政策，了解更多的创业策略与产品销售的各种市场信息。

构建农民工返乡创业信息交流平台可以从纵向和横向两个方面去打造，纵向上通过及时准确地向返乡创业人员传递各类信息，提高返乡创业的市场化水平；横向上可以通过加强返乡创业人员之间的交流沟通，共享创业经验和市场信息。

首先，建立专业性返乡创业信息技术中心。可以在政府部门下设机构，对上级政府负责，按照政府统一规划行使服务职能，同时也可以采用政府购买的方式，由政府委托社会组织运行。无论采用哪种方式，信息技术中心有三大职责：一是管理职责。建立的信息中心要对各类返乡创业信息进行统一的管理，包括与返乡创业有关的政策法规、市场动态以及返乡创业人员的各种个人信息、企业信息。二是建立便捷的信息网络。利用互联网技术，发展现代信息网络，并最终建成全国返乡创业信息网络平台。三是返乡创业信息的收集、筛选和传播，保证各类信息的实效性、准确性。

其次，拓宽信息传播渠道，创新信息载体。地区不同，采用的宣传方式亦不同，针对赣南等原苏区广大农村地区，返乡创业比较集中，但受经济社会发展影响，信息传播渠道狭窄。当前最紧要的就是要改善当地基础设施建设，特别是交通通信建设，增加互联网的覆盖范围；充分利用报纸、期刊、新闻、广播等媒介，为返乡创业开设专栏；条件较差的地区，由信息技术中心将各类信息下达到村镇，由村镇通过广播和信息展板形式及时反馈。

最后，建立多级就业与社会保障中心。建立从省到市到县再到镇四级就业信息共享机制，并纳入人力资源市场管理系统。在外出劳动力集中地区设立返乡创业指导办公室，为返乡创业提供最前沿的服务。

二、建立赣南等原苏区农民工返乡创业的服务平台

赣南等原苏区农民工返乡创业服务平台是联系农民工与职能部门的桥梁,是政府各项优惠政策得以有效实施的有力保障,是优化返乡创业环境的排头兵。赣南等原苏区返乡创业服务平台的构建必须坚持三个原则。首先是服务为先原则。准确定位方能高效行动,服务平台必须立足于服务,将服务作为工作的出发点和落脚点,以是否有利于发挥服务职能作为改进工作的重要依据,以返乡创业的赣南等原苏区返乡创业农民工是否接受良好服务作为绩效考核的关键指标。其次是简化原则。服务平台作为农民工与职能部门的桥梁,要尽可能简化各种手续,减少不必要的行政审批,杜绝人为设置障碍和行政寻租。最后是效率原则。效率原则取决于工作人员的工作态度、工作能力和工作方法。有必要对服务平台工作人员集中进行岗前培训,提高他们的工作热情和工作能力。以优秀的服务平台作保障,为返乡创业提供优质的创业环境。

三、建立赣南等原苏区农民工返乡创业的创业培训平台和融资平台

创业培训与融资是赣南等原苏区农民工返乡创业必不可少的保障,将分散的各项优惠政策、各种利好资源集中管理,发挥其最大的作用,就要建立统一的平台。创业培训平台与融资平台建立在完善的政策体系之上,是贯彻政府政策、发挥政策作用的中枢系统。同时,所建平台不能局限于整合政府力量,还应将社会力量纳入平台之内,发挥社会组织能动性,必要时可以采用政府购买方式。

四、努力构建城乡互动发展的联动机制

赣南等原苏区农民工返乡创业是新型城镇化建设的重要举措,也是城乡统筹发展的重要支撑。所以要从推进城镇化建设和加强城乡统筹

建设的思路出发认识返乡创业,更要从这两方面入手,为返乡创业创造优良环境。首先,要加大支持农村发展的力度,推进先进技术在农村的应用,特别是现代农业技术。加大资金支持,改善农村基础设施条件。其次,大力推进农村社保体系与城市接轨。目前我国已基本实现养老制度全覆盖。城乡养老制度有相似之处,城乡二元体制也已经消除,实现养老体系城乡并轨可能性很大,它可以缩小城乡差距,更好地体现社会公平。在医疗保障方面,继续推进新农合保障水平,扩大门诊补偿、住院补偿和大病补偿的范围和补偿金额。最后,推进城乡市场一体化进程。广大农村市场的开发关乎我国未来经济发展走向,已成为商家争夺的热点。但是农村市场发育很不完善,目前与城市脱节严重,特别是近年来屡屡发生的农产品物价异常升降事件,警示我们尽快研究城乡市场一体化进程的路径,改变信息严重不对称的现状,保证城乡市场信息互动畅通。

第二节 完善政策服务机制,优化创业环境

一、金融扶持政策

(一)深化财政金融体制改革,提供多元化支持

赣南等原苏区农民工返乡创业所遭遇的最大问题是资金不足,而造成资金不足的原因主要是部分返乡创业的农民工对当地金融机构下达的相关政策信息不清楚,因此大多选择自己筹借,而仅靠自己筹借的资金往往有限。随着市场经济体制不断发展,越来越多的农民工更加倾向于返乡创业,对于融资渠道的选择已经默认为银行贷款,但是对于农民工来说,银行贷款的客观条件还是很难达到的,国家在金融扶持这方面又缺少相关政策性贷款。对于赣南等原苏区农民工返乡创业所遭遇的最大问题——资金问题不解决,不仅影响返乡农民工创业的开始,也

影响后期企业规模的扩大。因此,解决资金不足这一难题和赣南等原苏区农民工返乡创业能否成功是密切相关的。

针对农民工向银行贷款过程中出现的担保问题,银行可以调查相关农民工现有的资产,根据所调查的实际情况,相应地扩大抵押担保的设定范围。当地金融机构也应该根据当地实地情况,对农民工的住房、宅基地以及土地经营权等设定抵押,丰富各项动产和不动产的抵押贷款项目,进而达到扩大农民工贷款的担保范围,实现农民工顺利融资的愿望,贷款到自己创业所需的理想资金。

农民工在返乡创业过程中融资方式主要是银行贷款,但仅仅依靠银行贷款不仅不能满足融资需求,而且银行严格的贷款制度也将不少农民工拒之门外,最终形成农民工贷款难的局面。因此,除了银行这类金融机构,其他的微型金融机构也可以向农民工返乡创业提供贷款支持,由此抓住农民工融资难的机遇而迅速发展起来。金融机构可以拓宽融资渠道,对贷款政策的限制条件适当放宽,吸引更多农民工贷款,形成民间借贷与银行相竞争的局面,成为农民工返乡创业金融市场的一种贷款方式,与此同时也可以为农民工提供多种贷款额度,让这种民间借贷成为返乡农民工创业的坚实后盾。

(二)提供科学的金融支持政策

首先,对农民工返乡创业现有的金融政策、金融产品进行积极宣传,加大宣传力度,拓展宣传渠道,例如在赣南等原苏区返乡创业者进行工商登记时,发放信贷的宣传手册。其次,加快信贷政策改革。加快落实小微企业发展,要用实际行动来证明。在贷款利率方面,特别是农村信用社,要降低赣南等原苏区返乡创业贷款利率,对于差价部分交由政府补贴补齐。还要不断扩大商业银行在农村和小城镇的信贷规模,给予确定的最低扶农信贷比例。再次,提供科学的金融支持政策还应体现在鼓励各大商业银行在农民工返乡创业的地方设立社区银行,推动民间资本发起和设立中小银行等金融机构,引导民间信贷组织的合法规范运行,最大限度地发挥民间信贷组织的正能量。最后,加快农民工返乡创业担保机制建设,可以带动规范化企业之间的相互担保,对企业进行担保的数量也需要严格控制。与此同时设立行业担保基金,由赣南等原苏区返乡创业企业共同组建成立行业协会,而且企业按照自身实力缴纳会费成立风险基金,在企业发展过程中如果遇到任何资金困难,由风险基金按企业缴费比例对资金困难企业予以支持或由风险基金担保向银行贷款,从而高效解决创业企业资金困难的情况。

(三)改善金融机构的服务质量

银行应该逐渐在农村设立分行,支持农村现代化产业的发展。银行也可以通过建立绿色通道,缩短办理业务的时间,对以前繁琐的贷款手续进行简化,提高办事效率,对不同的业务办理设立不同的专职窗口、专职人员,从而提高农民工返乡创业者向银行贷款的效率。

科学的金融支持政策对创业者、返乡创业农民工的影响是巨大的,金融机构应做好宣传工作。对赣南等原苏区返乡创业农民工可以如下形式开展宣传:在农民工返乡集中的季节,像春节前后、农忙时节,金融机构应该把握机会,深入工业园区、物流园区等农民工集中地区,利用多种宣传形式,如宣传海报、多媒体数字电视、专家论坛等形式进行金融知识和金融政策宣传与普及。

二、制定高效的融资政策

(一)拓宽现有筹资渠道,创新融资模式

在新经济体制改革下,我们已经意识到资金短缺是创业失败的重要影响因素之一。面对这类情况,应使返乡创业农民工树立长远目标,改变其只筹措创业初所用资金的思想。在后期公司运营过程中,资金链的稳健运行将决定着企业是否平稳运行,资金链的断裂将会给生产造成巨大的影响。因此,在开始筹集资金时必须充分考虑开业资金的筹措,同时也需适时、适量、适度地对资金进行储备和使用,对资金使用进行合理的安排,力求把风险降到最低限度。农民工返乡创业筹措创业资金的渠道除了常见的利用自有资金积累和向亲朋好友借贷,向银行贷款,像一些拥有高科技成果的企业可以利用国家颁布的相关政策,尝试向政府争取政策性扶持资金,因为国家重点扶持高新技术产业的发展。目前在社会上比较常见的资金筹措方式还有民间借贷,这种筹资方式虽然比银行贷款更加便捷,但是民间借贷利息高、期限短,属于游离于正规金融边缘的高利贷。这种筹资渠道适用于急于用款又能在短时间内还上的返乡创业者。在初创企业中,若有成为大企业的连锁分点的,就可以通过其他途径筹资,由大企业作为担保方进行贷款。

一些商业银行,如邮政储蓄银行,属于吸收农村存款较多的机构,但是发放贷款量远比不上存款量,建议邮政储蓄应进一步调整现有制度,加大对赣南等原苏区农民工返乡创业的扶持力度。国有商业银行也需要进一步调整总行对分行业务的调控权限,抽出从农村吸纳的一定比例的资金用于农村中小企业、返乡创业等方面。放宽分行的权限,增加县级分行贷款额度的授权,这样可方便创业者借贷。除了上述所说的商业银行,还应加大农村信用社对返乡创业农民工的支持,有条件的县可以根据当地实际情况在巩固农村信用社的基础上,建立一些农村商业银行用于对返乡创业者的扶持。农村信用社除了扶持集体经济外,也应适当改革推出一些贷款品目,并尽快参加全国大联行结算,不仅有利于农村信用社的发展壮大,也可以拓宽返乡创业者的贷款渠道。

(二)加大财政扶持力度

赣南等原苏区返乡创业农民工在创业过程中的需求主要是财政扶持需求。因此,在今后鼓励返乡创业过程中,首先要加大对农村财政的支持和支出力度,加大对农村基础设施建设的投入,改善农村基础设施建设,对农村创业硬件环境的提高也应落实到实际行动中,以吸引赣南等原苏区农民工返乡创业,如建设工业园、返乡创业基地等,组建农村创业协会,为赣南等原苏区返乡创业者提供政策和信息指导,引导并帮助他们代办各种证件和手续。其次,加大对赣南等原苏区返乡创业农民工的财政补贴力度,为创业者提供优惠政策,对返乡创业尤其是有利于解决当地劳动力就业的企业、资源节约型企业、科技型企业,在用水、用电、用地问题上给予政策倾斜和照顾。与此同时,针对赣南等原苏区返乡创业农民工设立返乡创业扶持基金,用于赣南等原苏区返乡创业农民工返乡创业贷款贴息。地方劳动部门、社会保障部门还要组织起来,为返乡创业者及其员工提供免费培训补助,同时聘请当地创业成功人士开展专业讲座,聘请专家学者宣讲国家优惠政策等。最后,对返乡创业实行积极的财政补贴,在返乡创业企业用水、用电、用地费用上予以合理减免,对创业项目实施贷款贴息,免费对返乡创业者进行培训。财政资金实行多级政府分摊,条件允许的地区,应该建立赣南等原苏区返乡创业农民工专项扶持基金,激发返乡农民工的创业热情。

赣南等原苏区地方政府应制定专项资金管理办法,对符合当地实际,经专家考评可以带来长期效应的创业项目,给予专项资金的支持,并制定出一套完整的创业评估体系,实行量化考核,对经考核优秀的返乡农民工,采取以奖代投的方式,支持其做大做强。

三、合理的税收支持政策

(一)加大税收政策扶持

近几年随着农民工返乡创业规模的不断扩大,国家对税收的扶持力度也在不断加大,农民工返乡创业的积极性也在不断攀升。税负的大小在一定程度上对农民工返乡创业的积极性有重要影响作用。对于赣南等原苏区返乡创业的农民工来说,如果税负较重,再加上从事传统农业生产的收益整体偏低,农民工选择创业的积极性就会大幅下降,部分农民工就会选择原有的务工方式,继续外出务工,这种现象极不利于返乡创业的稳步发展。因此,加大对赣南等原苏区返乡创业税收扶持力度是至关重要的。针对小微企业,应当专门制定符合其发展的扶持措施,积极贯彻中央政府减免税政策,给予符合减税、免税条件的返乡创业农民工全面的减免税优惠,从根本上减轻返乡创业农民工的税收负担,进而提高农民工返乡创业的积极性。但是,我们通过实地调研发现,目前返乡创业农民工整体税收负担还是比较大的,需要继续加大税收政策扶持力度。

(二)实行税收优惠政策

首先,在赣南等原苏区返乡农民工创业初期,政府应参照外资企业减税政策最大限度地对创业企业给予税收减免,对暂免征收增值税的企业的销售额度进行限定,鼓励企业精益求精、不断发展壮大。一方面鼓励和吸引有志者返乡创业;另一方面减轻创业者的资金压力,对返乡创业者提供更多的政策优惠,提高其创业积极性。其次,应该根据不同行业的发展规律、不同项目的回报周期,制定适合企业发展的减税期限。这样做既符合市场运行规律,在返乡创业企业运营步入正轨后,通过市场淘汰法则优胜劣汰,还能够保证国家税收的稳步增长。再次,对于中间环节的收费把控,合理减少审批环节的各类收费。最后,根据返乡创业企业吸收就业和纳税情况,将吸收就业数量和纳税规模划分不同阶段,分阶段对企业进行税收优惠政策,最终达到企业吸收就业和发展壮大的目标。

(三)构建税收扶持体系

在现代市场经济体制下,每个企业都具有依法纳税的义务,但是,当前我国返乡创业农民工所创办的经济实体大多规模比较小、效益比较低。与城市企业相比,返乡创业农民工所创办企业根本没有发展优势,然而这些由农民工创办的企业想要实现长远发展,离不开政府各项政策的积极扶持。因此,赣南等原苏区返乡创业农民工创办企业的起步阶段,政府要立足长远,对其实施一定的税收减免政策,给予赣南等原苏区返乡创业农民工创办的经济实体以积极引导和辅助,待企业稳步发展到一定阶段之后,再按照国家相应的标准征缴税收。此外,我国不同行业的税收政策也是不同的,政府要根据赣南等原苏区农民工返乡创业现状,对创办的不同特征的经济实体采取不同的税费减免期限,尽量将经济帮扶与国家税收统一起来,使赣南等原苏区返乡创业农民工尽可能多地享受到国家税收优惠。针对赣南等原苏区的农民工,地方政府也要从税收方面给予大力扶持,如将赣南等原苏区返乡创业农民工当作招商引资的对象一样看待,给予其税收优惠政策,可在三五年内不征税,或者先征后返。

四、完善的土地政策

土地资源紧张是我国经济社会发展的主要矛盾之一,赣南等原苏区农民工返乡创业归根结底是城镇化的一部分,面临的用地问题也非常严峻。因此,制定完善的土地政策十分重要,这是一项关系改革开放未来成果、关系现代化建设成败的重大国家战略。针对赣南等原苏区农民工返乡创业制定土地政策要符合国家宏观利益,要以保护耕地、保护环境、保护资源和保护人民利益为基本原则。

(一)提高农业用地的使用效率

赣南等原苏区农民工返乡创业的部分项目与农业息息相关,提高农业用地的利用效率是解决创业用地紧缺的关键。首先,允许并完善农村土地使用权和承包权合法自由转让机制,建立土地流转交易市场。鼓励手中有地但无力耕种的农民工在土地交易市场进行交易。同时严厉打击非法囤积农业用地行为,对两年内不使用的转让土地依法收缴。其次,加快对赣南等原苏区土地资源的开发。对大量无法耕种的荒地,国家要加大科技投入力度,研究荒地开发技术,特别是改造技术,以此增加耕地基数,使荒废的土地变废为宝。最后,大力发展现代农业,提高农业机械化、生态化、科技化水平。

(二)合理分配非农建设用地

非农建设用地是新型城镇化建设的保障,在用地问题中矛盾最突出。解决赣南等原苏区农民工返乡创业的非农建设用地矛盾要从两大方面着手:第一,要实行集约化用地,提高非农建设用地使用效率。对赣南等原苏区有条件的地区依法集中建设创业园区,降低进园门槛,提高创业企业间的规模效应。对村镇废弃厂房、闲置非农建设用地进行修缮建设。由国家财政给予返乡创业适当的土地使用补贴。第二,提高农村非农建设用地的分配比例。按照国家鼓励发展中小城市的战略,非农建设用地可向中小城市和村镇倾斜,确保村镇非农建设用地最低数量。

第三节 提高农民工自身素质,实施人才战略

一、树立正确的创业理念,提高自主学习意识和能力

首先,摆脱旧思维的束缚,开阔自身眼界。从目前来看,不管是创业初期的农民工还是已经取得一定成就的农民工,都应正视自我存在的问题,不断追求进步,应该意识到自己的短缺之处,尤其是要意识到自己仅凭经验创业的危险之处。毋庸置疑,最初的农民工创业大多是依靠自己的阅历和感觉,其中有成功创业的,也有失败的。创业失败的一个主要原因便是对创业行业的错误选择。因此,为了创业的成功,返乡创业农民工应摒弃原有思维的束缚,着重提高自身的综合素质。

其次,树立正确的创业理念,是赣南等原苏区农民工创业成功的前提。①沟通和合作是通往成功的必经之路。因此,要善于沟通和合作,在众多的创业行业之间应该多交流,取长补短,不能敌视同行,创业企业之间应通过合作来增强企业的持续性,为企业的发展壮大提供动力。②需要有敢于冒险的精神,不能墨守成规。赣南等原苏区农民工在思想上还属于保守型,不具备冒险精神,这种观念将不利于创业的进行,应该逐步转变为风险偏好者,才能抓住机遇,创业成功。③要有较强的

适应性。市场瞬息万变,创业者要适应市场的变化,及时洞察和捕捉市场信息,才能使创业企业一路平稳运行,立于不败之地。

最后,提高自主学习的意识和能力。①赣南等原苏区返乡创业者要主动收寻各种与创业相关的市场信息、政府颁布的最新政策和创业技能知识。将自主学习作为生活的一部分,以此来提高筛选信息和学习理解信息的能力。②要主动配合政府行动。对政府陆续制定和颁布的扶持政策和规范性法规,要积极学习,深入理解,主动为政府进言献策;对政府为农民工返乡创业开展的创业培训,也要积极参与,利用创业培训不断提高自身素质。

二、加强返乡农民工创业培训

第一,加大创业培训力度。要提高赣南等原苏区农民工创业素质和能力,就必须进行创业前各种技能和信息的培训。重新调整和规划已有的培训资源,投入一定的资本,有计划地对创业人员进行先进企业制度的管理和城镇农村实用技术的培训,让更多的农民工成为有专业技术、善于经营管理的全面发展的人才。政府可以有针对性地从其他各类科研机构聘请一些专业技术人员,鼓励其对赣南等原苏区农民工创立的企业进行技术指导,开设专题讲座,为其创立的企业在运营过程中出现的问题亲临指导,解惑答疑,帮助创业者同有关专家和技术人员建立经常性联系,以便遇到问题可以及时请教。全面落实赣南等原苏区农民工返乡创业技能培训,开设特色养殖、农村旅游、烹调、食品加工等实用的创业技能培训。

还可以与大学生实践团队合作,当代大学生作为新鲜血液,有着活跃的思维,让大学生下基层锻炼的同时,帮助赣南等原苏区农民工获得理论的指导,实现双赢的发展模式。对于已有的企业,还要引导其逐步形成现代化制度管理模式,强化市场创新能力,进一步提升创业者的整体素质和带领周围人共同致富的能力。

第二,开展基于创新素质的创业培训。返乡创业农民工作为从城市向乡镇逆回流的主要人群,和城市创业者相比较而言,返乡创业农民工不仅缺乏硬性资本投入,还缺乏相应的文化水平和技术水平。就返乡农民工的创新素质而言,返乡农民工主要从事附加值较低的体力劳动,而非脑力劳动。由于存在文化程度低、安于温饱等影响因素,小农思想仍是提高创新素质的一大障碍。除了从事领域、工作经验、视野广度的限制外,农民工往往缺乏敢为人先、标新立异的创业勇气。地方政府应采取积极措施,努力建立基于赣南等原苏区农民工创新素质的专项培训计划,帮助返乡农民工完成从体力劳动者到脑力管理者的角色转变。在对返乡创业者的培训中,应采用"政府推动,多方联合"的原则,邀请创业成功人士分享创业故事及创业经验,激发返乡创业者从不同方面看待创业面临的前景与问题,借此摒弃并纠正有悖于创新视野的主观理解与认识。

第三,开展基于专业技能的创业培训。在提高赣南等原苏区返乡创业农民工综合素质时,不仅要着眼于对创新创业基本素质的培养、关注企业管理能力的培养,还要针对不同行业的专业技能开展培训。首先,在培训内容上,对返乡创业者从事的不同行业的共性和个性要加以区别。例如,在农业和餐饮业方面,相关的负责培训部门应该基于不同行业的管理方法和专业知识进行培训;为解决农民工创业资金不足和融资意识缺乏的问题,应组织相关金融培训,以提高农民工返乡创业的融资意识。针对不同的创业人群需求、所处的不同创业阶段、技能知识储备情况,开展分层次、针对性的培训,积极探索共性与个性相结合的培训机制。其次,在培训形式上,为达到提高培训效果,应当采用科学有效、易于创业者理解的培训方法,例如,将实际案例与专业知识相结合,将理论学习与实地操作相结合等。最后,在培训机制上,构建好反馈机制,负责培训项目的主管部门应设立收集、采纳农民工意见及建议的反馈机制。通过反馈机制,对返乡创业农民工现有的创业技能、所需知识、所面临的问题进行充分的了解。基于农村创业大环境下,针对创业者所需要掌握的普遍技能和个体对特定知识的不同需求,制定符合农村创业发展规律的培训计划,从而全面提高农民工的综合素质,培育一批懂经营、会经营、善创业的农民企业家队伍。

三、创新培训机制,落实培训政策

对赣南等原苏区农民工返乡创业人员进行培训,应该作为政府的一项惠民政策长期实施。当前农民工工作时间和地点比较分散,想要对其进行集中培训困难较大,因此创新培训机制,建立灵活的培训体系是很有必要的。

第一,建立立体的培训机制。此机制建立的目的是保证返乡创业农民工在任何时候、任何地点都能接受与创业相关的培训,增强培训的灵活性,提高培训的效率。在培训管理部门上,需要各级政府统筹协调,将创业培训纳入经济社会发展规划,明确各级政府部门职责,各司其职,避免重复性培训和培训内容缺失。在培训承接部门上,充分利用高校和各类职业技校师资力量,开展各类创业培训辅导班,辅导班的授课方式可以采取全日制上课和短期上课两种方式,学员可以根据实际情况自由选择。鼓励社会中介机构开展相关培训,同时严格审核中介教学资质。培训承接部门除了具有相关资质的学校,还应该包括政府部门、科研机构、金融组织以及行业协会,这些组织与返乡创业息息相关,他们既可以现身说法,将各种知识精确讲解,又可以增进返乡农民工与相关人员的相互了解与情感交流,减少创业期间的误会与阻力。在培训方式上,坚持线上线下两条路,线下即培训机构组织的面对面讲座,线上即利用互联网技术,开展网络授课。由政府相关部门将线下培训视频和各种创业信息及时上传网络,开通微信公众号,宣传各种返乡创业知识,真正实现随时随地进行培训授课。

第二,根据当地实际制定有效的培训计划。针对当下赣南等原苏区农民工创业培训中出现的内容杂乱、脱离实际等问题,各地应根据当地实际制定切实有效的培训计划,确定实际有效的培训内容。大体上来说,对赣南等原苏区农民工的培训内容主要应该包括以下两个方面:①加强对返乡创业者的培训,即提高返乡创业者在创办和改善企业项目时的能力。主要针对当地经济主导产业和农民工返乡创业进入的主流行业,邀请一些相关学者、著名企业家、培训师、创业达人定期作专题报告,帮助返乡创业的农民工了解所处行业的发展趋势,分析当前市场经济体制下宏观经济运行形势,以便更好地了解市场需求;向返乡创业者宣传国家针对相关行业制定的优惠政策,传授先进生产技术和企业管理理念,并可以针对性地进行全方位的项目论证和企业问题诊断。②加强对转移劳动力的职业技术技能的培训。对农村劳动力进行职业技术技能的培训,主要是为了提高赣南等原苏区农民工劳动力的潜在人力资本,满足赣南等原苏区农民工返乡创业的人才需求,降低企业的生产运营成本,提高劳动生产率。

第三,坚持培训优惠原则。返乡创业培训作为一项民生工程,应在政府财政保障下实施,将返乡创业培训经费纳入财政预算,各级政府分担负责。做好返乡创业培训的宣传工作,提高创业人员的主动培训意识。做好培训过程中的跟踪服务,建立返乡创业培训的个性档案,及时解答返乡创业者遇到的问题,从而促进农民工返乡创业稳步发展。

第四,整合多方力量形成完善的培训网络。①省级有关部门、市、有条件的县,要根据实际情况开办农民工返乡创业培训班,提供创业指导、创业咨询和创业服务。②社会有关组织要积极合作,包括教育培训组织、社区服务组织、社会群体组织等,充分利用现有场地、经费、师资、设施等,有效进行统一安排,包括统一教材、统一教育过程来确保教育质量。③培育一些实力较强的企业作为培训基地,定期组织开展培训活动。

四、实施人才战略

教育是立国之本,设法留住本地人才,吸引外来人才也是农民工返乡创业中的关键一步。很多返乡农民工在创业之后一般都会碰到工人难招的瓶颈。一般来说,招工难的问题大多出现在企业规模有所扩大之后。当企业经济效益上升、规模扩大,相伴而来的技术水平要求提高,企业对于员工的素质要求也会有所提高,素质较高的员工将暂时出现短缺;另外,由于东部沿海地区一直以来都是劳务输入地,对于赣南等原苏区企业来说也造成不小的"抢人"压力。在目前一些地区所做的用于留住务工者的方法中,可用作借鉴的方法如下:

第一,适当地提高工资。沿海地区之所以比赣南等原苏区有吸引力的主要还是在于务工者对于沿海地区高工资的向往。从客观情况来说,沿海地区的工资收入比内陆要高得多,所以虽然东部地区的生活开支水平比较高,但是去往东部地区务工的劳动者仍然居高不下。目前,赣南等原苏区也有独特优势,很多农民工在自己家门口务工更为方便,根据凤凰传媒等媒体的报道,随着中西部地区消费水平的提高,务工人员的工资也应有所上涨,这样有利于从经济因素上留住本地外出打工人员,从而吸引外出人才回归本地。

第二,多渠道共同解决人才缺乏问题。政府应及时了解创业企业面临的人才需求,针对某些缺口较大的人才,制定相应的帮扶机制。如针对一些企业反映的互联网技术方面的人才缺乏问题,政府可以通过公开组织针对此类专业的洽谈会,也可以与具有此类专业的大专院校定向联系,在大专院校与需求人才企业之间建立沟通平台,为农村企业培养留得住、用得上的专门人才,在解决人才需求问题的同时,也助力解决部分大学生就业难的问题。鼓励和支持农民工创业企业员工参加职业技能培训,按规定享受职业培训补贴和职业技能鉴定补贴。同时尽可能地为人才的引进提供相应的保障和便利,如子女入学等问题。

第四节　与特色资源相结合,大力发展现代农业

一、加强生产技术与特色资源的结合

在资源驱动型的返乡创业农民工中,第一产业是其关注的焦点。在当前农村改革振兴的大环境下,应该鼓励农民工充分利用现有资源,走上致富道路,逐步改善农村生活,建设社会主义新农村。同时,更应当避免简单的复制型创业和单一资源模式推广,应当加强对返乡创业农民工的生产技术的培训和指导,对基础设备、厂房等购买和建设提供政策、资金支持,从而提高产品科技含量,对农产品进行深加工,推动农业产业链的不断完善,进而带动相关产业的发展。结合各地的实际情况,因地制宜,充分利用当地特色资源优势,深入挖掘特色产业,寻找商业发展机会,打造属于赣南等原苏区的独特品牌,增强赣南等原苏区产品竞争力。

各级政府应根据当地经济社会发展规划,引导赣南等原苏区农民工选择自身比较熟悉的项目,帮助创业人员选好选准创业项目。在村里创业的,应鼓励引导他们创办农业专业合作社,支持农产品加工业发展;在城镇创业的,应鼓励他们发展满足大众需求的第三产业。在创业前一定要经过广泛的市场调研,挣脱传统思想的束缚,不能头脑发热,盲目选择。政府在为赣南等原苏区农民工提供项目支持的同时,还必须考虑其自身的特点,尽量选择适合他们的创业项目。如提供一些初期资金投入少、风险小、容易操作等特点的创业项目,还应根据当前赣南等原苏区农民工返乡创业的区域和行业分类指导,为不同的项目提供相应的技术指导;与相关企业加强联系,扩展产品的销售渠道;根据企业的成长规模和现有职工人数,对其提供不同的贷款和贴息,还可以对未来发展势头好的企业提供担保和其他优惠政策。

二、将传统农业与现代化生产相结合

新时代经济在飞速发展,传统农业也应与时俱进,与现代化生产相结合,在传承原来文化的基础上,借鉴西方发达国家的经验,改进落后的技术工艺,不断进行发展。农业在原有林业建设、农村观光、文化传承方面都有可以改进的空间。赣南等原苏区农民工发展现代农业,进行农业转型,完善农业技术才是发展之路。因此,要引导农民工新办创业企业对传统农业进行改造。在原有传统形式基础上,引进现代化的生产技术、制度、配套设施等,发展与农业相结合的现代化企业。大力推广农业新技术,对传统的农业资源进行重新配置,引入先进的管理与组织体系,使农业由单一向多元化转变,实现农业增收、集约化生产、规模化集团化转型。通过市场这一有力机制,引导传统农业向现代化农业、新型农业转型,从而使农民工返乡创业在现代化农业新形势下,更有发展空间。

第五节　完善农民工返乡创业的多元供给机制

一、加强政府服务能力

根据党的十八大和中央对农民工返乡创业的指示精神,各级党委、政府要认真学习、深刻领会,针对赣南等原苏区,努力加强政府服务能力,为赣南等原苏区农民工返乡创业创造一个良好的外部环境,具体落实好各项农民工返乡创业的优惠政策,做好前期保障工作;为农民工返乡创业创造一切有利条件,全面扫除对创业不利的行为;与此同时要加强对赣南等原苏区返乡创业农民工的创业培训,保证农民工创业长久发展。真正意识到农民工返乡创业的重要性,特别是农民工返乡以后,他们在创业的过程中需要政府提供的组织领导,需要政府的后续服务。

第十章 赣南等原中央苏区农民工返乡创业扶持机制设计

要确保农民工轻松创业,政府需要坚持尊重创业、因势利导、积极支持、完善服务的方针。

第一,出台农民工返乡创业的优惠政策措施。给予赣南等原苏区返乡创业农民工和外商一样的政策优惠。历史证明,一些资源贫乏的赣南等原苏区很难吸引外商和大企业的投资,最终真正回来投资改变区域经济发展落后局面的仍然是返乡创业的农民工。即使是资源、地理位置较佳的部分中西部省市,其经济的发展也离不开当地中小企业。而中小企业的开办者大部分都是返乡创业农民工。因此,必须在战略上对赣南等原苏区农民工返乡创业的意义进行重新思考,将上级颁布的文件精神具体化后予以实施。对于部分地区已经出台相关文件扶持农民工返乡创业,但是仍停留在文件精神层面,更应该考虑出台具体的可实行的措施,将文件精神贯彻到底,如前文提到的实行税收优惠。认真对待赣南等原苏区农民工返乡创业中普遍反映的没有享受到税收优惠这个问题,给予其与外商一样的税收政策。我国自改革开放以来,实行的外商投资优惠政策使沿海地区获得了巨大的发展,现在赣南等原苏区正处于产业承接的重要阶段,而返乡创业农民工是其中的重要生力军,给予其和外商一样的税收优惠政策是合理的。具体的免税年限或者税收减免办法可参照对外招商引资项目和城镇下岗人员创业办法,由省级政府自行决定。还有就是规范收费行为。长期以来,除资金较雄厚的返乡创业农民工外,一般创业者都是创办中小企业。在现实生活中,农民工返乡创办的小企业绝大多数都被登记为个体工商户而被收取工商管理费。工商管理费现已成了一些地方某些部门乱收费、多收费的项目,甚至工商管理费的收取比企业还要多,使应当享受企业优惠政策的个体户享受不到国家的优惠政策。

第二,提供后续服务支持,规范政府行为。①对于有创业意愿却无项目方向的返乡农民工提供信息咨询服务,各级政府特别是县乡政府要整合各职能部门的创业信息,结合本地产业政策多渠道收集创业项目信息,为创业者提供信息服务。返乡创业农民工中的一部分拥有一定的技术,却没有独立创业的经验,对这部分创业者应帮助其办理相关的行政审批事项。②要创建创业信息服务平台,创新宣传方式,向返乡创业农民工宣传各类法律法规、政策和各类市场动态,例如要对从事农业创业的人员做好防灾防害工作,对从事工业、第三产业的人员尽量收集相关市场需求变化动态情况。③加大创业跟踪服务。政府返乡创业服务小组要对参加培训的返乡农民工定期展开跟踪服务,做好培训后的指导工作,利用电话和上门指导等方式,了解农民工在创业过程当中遇到的问题,帮助他们选准创业的产业,建立完整的纸质和电子档案。

二、部门统筹协作,提升创业管理服务水平

赣南等原苏区农民工返乡创业是一项需要各个部门统筹协作、各类社会资源合理调度的系统工程,各部门、上下级必须明确分工,发挥协同优势,避免职权交叉、推诿扯皮。同级之间由返乡创业领导小组统一管理调度,劳动与社会保障部门做好农民工流动培训、维权、社保等工作;税务部门做好企业纳税的宣传与征收,并落实政府相关税收优惠政策;农业部门应把返乡农民工当作发展现代农业、推进农业产业化经营的骨干力量;宣传部门做好返乡创业法律、政策、市场信息以及典型案例的推广与宣传;财政部门及时落实新生代农民工返乡创业相关财政支持。总之,各部门之间既分工明确又统筹协作,具体问题具体分析,坚持在不违反法律法规的情况下,简化手续、方便群众、特事特办。

除各相关审批部门应在政策允许的范围内对返乡农民工创业放宽准入条件,简化立项、审批和办证手续,提高办事效率,规范收费项目外,还应建立专门的农民工返乡创业的服务协调机制,至少可以承担以下三方面的职能:一是承担政策宣传和引导职能。当前各级政府对返乡创业制定了较多的帮扶政策,但是很多返乡创业者的文化水平相对较低,对能够享受到的优惠支持政策不够了解。政策的知晓度和普及

度较低,严重影响政策实施的效果,同时也会降低创业者的积极性。因此,做好对当前创业相关政策的宣传至关重要。二是承担重大问题协调职能。创业牵扯到的问题较多,应针对一些返乡创业农民工所遇到的重大政策问题,给予专门指导;对于在创业过程中遇到的难题,应积极协调有关部门,及时帮助农民工解决在生产经营中遇到的实际困难,在政策允许的范围内,尽可能地给予创业人员最大限度的便利。三是协助监督职能。对创业者反映的在创业全过程中遇到的不合理权力行使问题,进行协助监督。

规范政府行为,减少企业负担。政府要转变自身职能,调整好和企业的关系,肯定企业、创业者的主体地位,担当公共服务和管理的角色。当然,这并不是要政府不依法行政,只是要求政府规范自身行为,不随意找企业的麻烦,不对企业乱检查、乱摊派、乱收费、乱罚款。为了更好地保护创业者的权益,可以设立督察部门接待企业投诉,对严重侵犯创业者正当权益的行为应给予严肃查处;对创业者提出的行政复议,政府部门要及时处理,司法部门要依法维护返乡创业者的人身财产安全,严厉打击破坏企业发展环境的违法行为。

三、强化地方政府执行力的正式制度

在制度系统中正式制度作为最重要组成部分,跟非正式制度相比,正式制度的作用更直接,效果更明朗。在支持赣南等原苏区农民工返乡创业的过程中,正式制度的完善,包括人事管理制度、利益协调制度和监控制度的完善,将为农民工返乡创业的各种优惠政策措施的实施提供有效制度保障。

(一)完善人事管理制度

地方政府公务员的人事管理,要做到以下几个方面:第一,个人责任需要明确,每一位公务员都有明确的责任内容,像政治责任、行政责任、法律责任与道德责任等,承担以上责任为返乡创业农民工提供服务是

地方政府公务员义不容辞的责任。第二,问责的主体明确,防止权利越界。应确保有关农民工返乡创业的各项行政事务都能匹配明确的问责主体。第三,提高地方公务员的素质,包括行政能力素质和道德素养。提高公务员的办事能力和道德伦理修养,能有效提高政府人员为返乡创业农民工服务的执行力。第四,在坚持人事管理原则的同时,适度放活管理方法。充分发挥每一位公务员的主观能动性和积极性,为农民工返乡创业提供有原则而又不失灵活的行政之风。

(二) 完善利益协调制度

利益协调制度包括协调地方与中央、个人与集体以及各地方之间的利益制度。在政策的制定与执行过程中,应以中央和集体利益为重,但是,不应以此为由,过分损害地方和个人的利益,各利益主体之间应尽量做到利益均衡。同时,应建立利益的表达与申诉通道,全面考虑地方和个人的利益需求,引导各利益群体树立正确的利益观。在贯彻实施返乡创业优惠政策时,应最大限度地给予农民工支持,但也要考虑地方政府的利益以及成本与收益的比率。

(三) 完善监控制度

监控制度的完善,一方面,地方政府要建立透明的政务监督机制。设立独立的地方政府行政监督部门,不定期地对地方行政工作进行检查,并对各项工作的执行情况与进度予以公示。对地方政府各项执行活动进行实时监控,以防止其行为异化,偏离正确方向,损害国家和人民的利益。另一方面,完善群众监督机制,发挥媒体和公众对地方政府行政行为的监督作用,鼓励民众和媒体检举和曝光政府组织和公务人员的不当行为。

(四) 营造良好社会氛围,形成正面舆论

从总体上看,目前赣南等原中央苏区农民工返乡创业仍处于自发和起始阶段,需要政府的扶持和社会的关注。要防止农民工在创业过程中因为舆论排挤而受到"挤压",更要注意农民工在创业过程中受到的

无形阻挠。这些障碍的出现症结还在于目前赣南等原苏区一些思想观念没有跟上市场经济的步伐，社会对返乡创业没有形成正确的认识，对靠自己创业发展起来的农民工不能正确对待。对此，政府要积极加以引导，进行心理疏导，营造良好的社会氛围，形成尊重创业、支持创业的大社会环境，吸引更多的农民工返乡创业。

充分利用各种形式的新闻媒体，就返乡农民工创业就业工作深入地进行宣传发动工作。积极宣传国家、各级政府促进中西部返乡创业的政策；宣传已经取得成功经验的地区的一些做法；宣传一些典型经验，如宣传返乡创业者如何转变就业观念，自主创业取得成功的案例；宣传返乡创业农民工在取得成功后如何承担社会责任，吸纳当地剩余劳动力等，为返乡创业农民工营造良好的舆论环境和社会氛围。

表彰具有突出贡献的创业者，并利用各种形式的媒体宣传他们的创业事迹；对有突出成绩的可以考虑将他们提拔到村级领导岗位上，使他们带动更多的群众脱贫致富，进一步营造创业光荣、创业有功、创业受敬、创业受奖的氛围，形成正面舆论导向，消除妒贤、嫉能、仇富的社会风气。

第六节 本 章 小 结

本章对赣南等原苏区农民工返乡创业扶持机制进行了深入探讨和研究，提出有序合理地鼓励和引导农民工返乡创业，提高创业者的积极性，通过建立和完善各种政策体制，为农民工返乡创业做好相关准备工作。农民工返乡创业已经成为一种趋势，返乡创业不仅可以实现赣南等原苏区农民工自身的发展，而且可以扩展待就业农民工的就业渠道，转移农村剩余劳动力，发挥创业带动就业的联动效应，是非常理想的选择。返乡农民工创业还可以为发展现代农业、推进农业供给侧结构性改革注入新鲜活力。目前，农民工返乡创业已经成为实现农村劳动转移就业、新型城镇化和新型农业现代化全面协调可持续发展的重要路径。通过优化赣南等原苏区农民工返乡创业政府扶持机制,大力发展现代农业,促进农业稳定发展、农民持续增收,最终促进城乡统筹发展。

第十一章 研究总结与研究展望

第一节 研究总结

本书通过前述十个章节对赣南等原苏区农民工返乡创业的影响因素与政府扶持机制进行了深入探讨和研究。本书以需求层次理论、羊群效应理论、边际效用递减规律为依据,结合问卷调查的方式收集数据和资料,对赣南等原苏区农民工返乡创业的形成和现状进行了解和深入分析,并基于实证研究,掌握资料,利用创业模型,梳理农民工返乡创业的影响因素。通过建立内外部理论研究模型,找出农民工返乡创业行为的影响因素有内部影响因素——创业者自身文化教育素质、资金积累水平、经验能力等,以及外部影响因素——政府政策、金融环境因素以及社会支持等。通过对这些影响因素的调查研究,找出农民工返乡创业的现状以及所面临的困境。最后,通过对调研结果的总结归纳,从五个方面提出对农民工返乡创业扶持机制设计方案。农民工在大众创业群体中数量之多、影响之大,使农民工返乡创业现象引起党和人民的关注。笔者期望通过厘清返乡农民工的创业现状,找出其创业过程中的困难和影响因素,提高农民工创业的成功率和创业热情,从而更好地实现农村经济发展与社会主义建设。

促进农民工返乡创业,是建设社会主义新农村、保证农村经济平稳发展、促进农民增收的一项重大举措。政府也因此制定了一系列针对性很强的政策措施,例如降低准入门槛、提供免费技术培训、减免相关的行政费用、增加农村小额贷款、打造创业园区等扶持政策。但通过对农民工的实际调研发现,赣南等原苏区农民工返乡创业仍然面临着一系列的困难,农民工对返乡创业扶持政策的满意度依然很低。因此,政府部门有必要进一步完善返乡创业扶持政策,开展一系列细致而有效的实际工作,保证每一项政策措施落到实处,产生实实在在的效果,以进一步促进农民工返乡创业。返乡创业农民工,要正确看待自己的实力,选择熟悉的领域,不要为了赶时髦而盲目创业。各级政府首先要加强对农民工创业的引导和风险教育;其次要加紧对农民工进行创业培训,建立农民工返乡创业项目库,让想创业的农民工有针对性地选择项目,提高成功率;最后要将用地、税收等优惠政策落到实处,简化手续和流程,提供农民工在创业中所需的配套服务等,踏踏实实地为农民工服务。我们有理由相信,农民工创业就业问题将得到有效解决,农民工对政府的返乡扶持政策的满意度也必将提高,我国城乡统筹将得到有力的发展,最终消除城乡差距。

农民工问题是我国特有的一种群体现象,解决如此庞大的群体问题关系到农民工的切身利益,对国家来说也是一个非常迫切的问题,它将关系到国家的长期经济发展。可以说,从改革开放开始,农民工问题就已经出现。随着经济形式的转变,农民工这个群体也在发生巨大的变化,无论是"民工潮"的出现还是"民工荒"的出现,抑或是"返乡潮"的发生,以及大规模的返乡创业者的出现,都是值得研究的现象,将对我国的城乡建设发展起到很好的理论或者实证的指导。在新型城镇化逐步推进的过程中,政府也积极出台相关优惠政策支持农民工返乡创业。但是,由于中央政府的制度供给与地方政府和返乡农民工的制度需求不一致,导致中央政府提供的返乡创业制度支持并没有起到应有的效果。本书从农民工视角,由表及里地分析了赣南等原苏区农民工返乡创业过程中存在的制度约束因素。融资支持、税费优惠、创业教育培训的制度供需的非一致性是阻碍农民工返乡创业的直接的、表层的原因。而公共服务制度供给的"二元化"是阻碍农民工返乡创业的间接的、深层次的原因。针对返乡创业制度约束因素,本书从地方政府和制度环境的角度对制度约束的表象进行了深度剖析。在进行原因剖析的基础上,提出构建创业扶持制度、土地制度、城乡一体化的公共服务制度和强化执行力的制度即"四位一体"的农民工返乡创业制度支持体系。在我国经济发展进入新常态的背景下,中小城镇的城镇化水平的提高,农民工返乡创业数量的增加,都对我国经济增速的提高起到不可忽视的作用。

第二节 研究展望

农民工群体一直是一个备受关注的特殊群体。受 2008 年金融危机的影响,大量农民工返乡,解决返乡农民工的就业问题成为政府和社会关注的焦点。2015 年,新一波"大众创业、万众创新"的浪潮也极大地推动了返乡农民工的创业行为。长期以来,在外务工的农民工与城镇不能融合,而新的政策环境为农民工返乡创业提供了新的思路,也提供了绝好的机会。农民工返乡创业已成为当前社会的热点。他们返乡创业不再是因为城市的排斥,随着文化素质和劳动技能的不断提高,农民工返乡创业将会越来越朝向实现自我价值的方向发展。在未来时期内,农民工返乡创业将成为一种趋势愈演愈烈,发展成一个大的创业群体。历史的发展和社会的进步必然产生农民工返乡创业,他们在增加财富价值的同时也促进了社会主义和谐社会的建设。中国的经济发展正处在黄金时期,这为农民工返乡创业提供更加有利的发展环境,农民工要抓住国家新一轮的经济发展战略机遇,运用自身积累的各种社会资源,增加创业知识,提高能力与实践,不断地创新与尝试,不仅可以解决自身的就业问题,实现自身价值,同时对构建和谐社会,对经济发展具有十分重要的意义。

农民工返乡创业可以为发展现代农业、推进农业供给侧结构性改革注入新鲜活力。目前,农民工返乡创业已经成为实现农村劳动力转移就业、新型城镇化和新型农业现代化全面协调可持续发展的重要路径。本书利用实地获取的数据资料,对赣南等原苏区农民工返乡创业的政策需求以及扶持政策存在的问题进行研究,提出了对应的政策建议。但也存在一定的不足,本书主要参考的数据资料是赣南等原苏区返乡农民工数据,了解该地农民工在返乡创业方面存在的问题,但是每个地区的农民工返乡创业存在较大差距,因而,本书的调研数据和政策建议对其他地区能否提供借鉴、指导需要进一步研究,需要结合更多的理论和实践,不断改进和完善。

参 考 文 献

[1] 樊永瑞.农民工返乡创业行为的影响机制研究[D].临汾:山西师范大学,2013.

[2] 徐欣慧.农民工返乡创业行为的影响因素及政府对策研究[D].青岛:青岛大学,2017.

[3] 李炎.中西部农民工返乡创业现状、障碍与对策[D].苏州:苏州大学,2015.

[4] 李佳维.贵州省农民工返乡创业过程中政府支持体系研究[D].贵阳:贵州大学,2016.

[5] 任艳.新生代农民工返乡创业问题研究[D].太原:山西财经大学,2014.

[6] 吴阿群.农民工创业政策的变革与创新研究[J].市场研究,2015.

[7] 朱伟.扶持政策为农民工创业加油鼓劲[J].社会治理,2017.

[8] 李春根,张鸿宇.后金融危机时代农民工返乡[J].创业政策体系建设山东财政学院学报,2010(6).

[9] 朱红根,陈昭玖,张月水.农民工返乡创业政策满意度影响因素分析[J].商业研究,2011(2):143-148.

[10] 徐晋.浙江省农民工返乡创业环境的满意度调查分析[J].农村经济与科技,2017,28(6):172-179.

[11] 吴新慧,黄兆信.新生代农民工创业绩效及影响因素分析[J].江西社会科学,2013,33(10):189-193.

[12] 张利斌,刘龙飞,涂慧,等.政策支持对民族地区返乡农民工创业意愿影响的实证分析[J].中南民族大学学报:自然科学版,2013,32(3):122-126.

[13] 樊永瑞.农民工返乡创业行为的影响机制研究[D].临汾:山西师范大学,2013.

[14] 邓菊根.江西省农民工返乡创业问题研究[D].南昌:江西财经大学,2010.

[15] 杨新萍.农民工返乡创业绩效影响因素研究[D].南昌:江西农业大学,2012.

[16] 朱红根.政策资源获取对农民工返乡创业绩效的影响——基于江西调查数据[J].财贸研究,2012,23(1):18-26.

[17] 陈震红,刘国新,董俊武.国外创业研究的历程动态与新趋势[J].国外社会科学,2004.

[18] 林嵩,姜彦福.创业研究进展综述与分析[J].管理前沿,2005(6):22-24.

[19] 王国华.农民创业现状及其影响因素研究——基于顾高三镇的实证[D].扬州:扬州大学,2009.

[20] 杜海琴.农民工返乡创业政策优化路径研究[D].南昌:南昌大学,2015.

[21] 谢恒.欠发达地区农民工返乡创业问题思考[J].中国市场,2014(51).

[22] 颜金钞.基于TPB理论的农民创业行为影响因素研究[D].福州:福建农林大学,2013.

[23] 董杰,梁志民.中部欠发达地区新生代农民工返乡创业意愿影响因素分析——以江西省为例[J].新疆农垦经济,2015.

[24] 朱红根,康兰媛.农民工创业动机及对创业绩效影响的实证分析——基于江西省15个县市的438个返乡创业农民工样本[J].南京农业大学学报:社会科学版,2013,13(5):59-66.

[25] 李邦海.国际移民创业理论和模式综述[J].荆楚学刊,2016(3).

[26] 张敏,张一力.距离会导致隔离吗——海外移民创业网络与东道国集群网络的演化案例研究[J].外国经济与管理,2017(9).

[27] 林胜,赵妲,高哲.移民跨国创业的形成与困境[J].福州大学学报:哲学社会科学版,2017(2).

[28] 徐鑫,李白娟.中国新移民在新加坡当农民的创业心得[J].北京农业,2012.

[29] 解春艳.创业环境对农民创业意愿的影响研究[D].南昌:江西农业大学,2008.

[30] 木志荣.国外创业研究综述及分析[J].中国经济问题,2007(6):53-62.

[31] 郁义鸿,李志能,西斯瑞克.创业学[M].上海:复旦大学出版社,2000:3-16.

[32] 宋克勤.创业成功学[M].北京:经济管理出版社,2002:5-17.

[33] 张海洋,袁雁静.村庄金融环境与农户创业行为[J].浙江社会科学,2011(7):23-26.

[34] 韦吉飞,王建华,李录堂.农民创业行为影响因素研究——基于西北五省区调查的实证分析[J].财贸研究,2008(5):16-22.

[35] 朱明芬.农民创业行为影响因素分析——以浙江杭州为例[J].中国农村经济,2010.

[36] 吴勇,蔡根女.农村微型企业创业影响因素的实证研究——基于宏观层次的视角[J].生态经济,2010.

[37] 王静,韩冰宇,韩宏华.影响农民创业因素的实证研究——基于常州市71名农民创业者的调查[J].人力资源管理,2011.

[38] 黄敬宝,杨同梅,刘玉凤,等.农民创业问题研究——基于106位农民创业者的实证分析[J].聚焦三农,2012(1):36-39.

[39] 符志伟.恩施州地区农民创业行为及影响因素研究[D].荆州:长江大学,2012.

[40] 樊永瑞.农民工返乡创业行为的影响机制研究[D].西安:陕西师范大学,2013.

[41] 朱红根,康兰媛.金融环境、政策支持与农民创业意愿[J].中国农村观察,2013(5):24-33.

[42] 彭安明,朱红根.农民工返乡创业政策扶持体系构建研究[J].江西农业大学学报:社会科学版,2013,12(2):204-208.

[43] 罗媛杰.个人特质对农民创业行为的影响研究——以泰国为例[D].杭州:浙江大学,2014.

[44] 汪独友,童朝娟.返乡农民工创业模式的绩效对比及影响因素分析——基于苏北五县的调查[J].江南大学学报:人文社会科学版,2018,17(1):85-92.

[45] 赵德昭.农民工返乡创业绩效的影响因素研究[J].经济学家,2016(7):84-91.

[46] 邹芳芳.返乡农民工的创业资源对创业绩效的影响[D].武汉:华中农业大学,2014.

[47] Singh R A. Commonon Developing the Field of Entrepreneurship through the Study of Opportunity Recognition and Exploitation[J]. Academy of Management Review, 2001(26):12-20.

[48] Timmons J A. New Venture Creation: A Guide to Entrepreneurship[M]. Boston: Irwin McGraw-Hill,1999.

[49] Shane S, Venkataranian N. The promise of entrepreneurship as a field of research[J]. Academy of Management Review, 2000, 25(1):217-226.

[50] Murray B L, Lan C M. Entrepreneurship: past research and future challenge[J]. Journal of Management,1988(14):139-161.

[51] Robert C R. Entrepreneurship[M]. London: Lord Publishing,1984:28.

[52] Gartner W B. What are we talking about when we talk about entrepreneurship[J]. Journal of Business Venturing, 1990,5(1):15-28.

[53] Morris M H. Entrepreneurship Intensity: Sustainable Advantages for Individuals, Organizations, and Societies[M]. Westport, Conn.: Quorurn,1998.

后　　记

　　本书的出版受到教育部人文社会科学研究项目"赣南等原中央苏区农民工返乡创业的影响因素与政府扶持机制优化研究"（编号：14YJC630104）的资助，也是该项目的最终研究成果。

　　感谢东华理工大学经济与管理学院的雷芳、邹晓明、熊国红等教师给予的支持和帮助！

　　感谢我的研究生郑玉玉、于雯、赵建森、娄思卿、廖文婷等同学在我撰写本书期间提供的无私帮助和支持！

　　最后，还要感谢立信会计出版社的责任编辑。本书的出版远非终点，书中的不足和浅显之处是我征程中的新起点，敬请各位专家学者赐教指正。我将继续进行学习和研究！

邱卫林
2018 年 10 月